TORTE SUPER GUSTOSE 2021

LE MIGLIORI RICETTE PER PRINCIPIANTI

CLELIA AMORUSO

Sommario

Glassa Glacé

Fa abbastanza per coprire una torta di 20 cm/8 in

100 g/4 oz/2/3 tazza di zucchero a velo (confettieri), setacciato

25–30 ml/1½–2 cucchiai d'acqua

Qualche goccia di colorante alimentare (facoltativo)

Mettere lo zucchero in una ciotola e unire l'acqua un po' alla volta fino ad ottenere una glassa liscia. Colora con qualche goccia di colorante alimentare, se piace. La glassa diventerà opaca se spalmata su torte fredde o trasparente se stesa su torte calde.

Glassa al caffè

Fa abbastanza per coprire una torta di 20 cm/8 in

100 g/4 oz/2/3 tazza di zucchero a velo (confettieri), setacciato

25–30 ml/1½–2 cucchiai di caffè nero molto forte

Mettere lo zucchero in una ciotola e unire il caffè poco alla volta fino ad ottenere una glassa liscia.

Glassa al limone

Fa abbastanza per coprire una torta di 20 cm/8 in

100 g/4 oz/2/3 tazza di zucchero a velo (confettieri), setacciato

25–30 ml/1½–2 cucchiai di succo di limone

Buccia finemente grattugiata di 1 limone

In una ciotola mettete lo zucchero e unite il succo di limone e la scorza poco alla volta fino ad ottenere una glassa liscia.

Glassa all'arancia

Fa abbastanza per coprire una torta di 20 cm/8 in

100 g/4 oz/2/3 tazza di zucchero a velo (confettieri), setacciato

25–30 ml/1½–2 cucchiai di succo d'arancia

Scorza finemente grattugiata di 1 arancia

Mettere lo zucchero in una ciotola e unirvi il succo d'arancia e la scorza poco alla volta fino ad ottenere una glassa liscia.

Glassa al Rum Glacé

Fa abbastanza per coprire una torta di 20 cm/8 in

100 g/4 oz/2/3 tazza di zucchero a velo (confettieri), setacciato

25–30 ml/1½–2 cucchiai di rum

Mettere lo zucchero in una ciotola e unire poco alla volta il rum fino ad ottenere una glassa liscia.

Glassa alla vaniglia

Fa abbastanza per coprire una torta di 20 cm/8 in

100 g/4 oz/2/3 tazza di zucchero a velo (confettieri), setacciato

25 ml/1½ cucchiaio di acqua

Qualche goccia di essenza di vaniglia (estratto)

Mettere lo zucchero in una ciotola e unire l'acqua e l'essenza di vaniglia un po' alla volta fino ad ottenere una glassa liscia.

Glassa al cioccolato bollita

Fa abbastanza per coprire una torta di 23 cm/9

275 g/10 oz/1¼ tazze di zucchero semolato (superfino)

100 g/4 oz/1 tazza di cioccolato fondente (semidolce)

50 g/2 oz/¼ tazza di cacao (cioccolato non zuccherato) in polvere

120 ml/4 fl oz/½ tazza d'acqua

Portare tutti gli ingredienti a bollore, mescolando fino a quando non saranno ben amalgamati. Far bollire a fuoco medio fino a 108 ° C / 220 ° F o quando si forma un filo lungo quando viene tirato tra due cucchiaini. Versare in una ciotola ampia e sbattere fino a ottenere una consistenza densa e lucida.

Topping al cioccolato e cocco

Fa abbastanza per coprire una torta di 23 cm/9

175 g/6 oz/1½ tazze di cioccolato fondente (semidolce)

90 ml/6 cucchiai di acqua bollente

225 g/8 oz/2 tazze di cocco disidratato (grattugiato)

Frullare il cioccolato e l'acqua in un frullatore o in un robot da cucina, quindi aggiungere il cocco e lavorare fino a che liscio. Cospargere sulle torte semplici mentre sono ancora calde.

Topping al fondente

Fa abbastanza per coprire una torta di 23 cm/9

50 g/2 oz/¼ tazza di burro o margarina

45 ml/3 cucchiai di cacao (cioccolato non zuccherato) in polvere

60 ml/4 cucchiai di latte

425 g/15 oz/2½ tazze di zucchero a velo (confettieri), setacciato

5 ml/1 cucchiaino di essenza di vaniglia (estratto)

Sciogliere il burro o la margarina in un pentolino, quindi aggiungere il cacao e il latte. Portare a bollore, mescolando continuamente, quindi togliere dal fuoco. Incorporare gradualmente lo zucchero e l'essenza di vaniglia e sbattere fino a che liscio.

Topping di formaggio cremoso dolce

Fa abbastanza per coprire una torta di 30 cm/12

100 g/4 oz/½ tazza di formaggio cremoso

25 g/1 oz/2 cucchiai di burro o margarina, ammorbidito

350 g/12 oz/2 tazze di zucchero a velo (confettieri), setacciato

5 ml/1 cucchiaino di essenza di vaniglia (estratto)

30 ml/2 cucchiai di miele chiaro (facoltativo)

Sbattere insieme il formaggio cremoso e il burro o la margarina fino a ottenere un composto leggero e spumoso. Sbattere gradualmente lo zucchero e l'essenza di vaniglia fino a che liscio. Dolcificare con un po' di miele, se piace.

Glassa Vellutata Americana

Fa abbastanza per coprire due torte da 23 cm/9

175 g/6 oz/1½ tazze di cioccolato fondente (semidolce)

120 ml/4 fl oz/½ tazza di panna acida (acida da latte)

5 ml/1 cucchiaino di essenza di vaniglia (estratto)

Un pizzico di sale

400 g/14 oz/21/3 tazze di zucchero a velo (confettieri), setacciato

Sciogliere il cioccolato in una ciotola resistente al calore su una pentola di acqua bollente. Togliere dal fuoco e incorporare la panna, l'essenza di vaniglia e il sale. Sbattere gradualmente lo zucchero fino a che liscio.

Glassa al burro

Fa abbastanza per coprire una torta di 23 cm/9

50 g/2 oz/¼ tazza di burro o margarina, ammorbidito

250 g/1½ tazze di zucchero a velo (per confettieri), setacciato

5 ml/1 cucchiaino di essenza di vaniglia (estratto)

30 ml/2 cucchiai di panna singola (leggera)

Montare a crema il burro o la margarina fino a renderli morbidi, quindi incorporare gradualmente lo zucchero, l'essenza di vaniglia e la panna fino ad ottenere un composto liscio e cremoso.

Glassa al caramello

Fa abbastanza per riempire e coprire una torta di 23 cm/9

100 g/4 oz/½ tazza di burro o margarina

225 g/8 oz/1 tazza di zucchero di canna morbido

60 ml/4 cucchiai di latte

350 g/12 oz/2 tazze di zucchero a velo (confettieri), setacciato

Sciogliere il burro o la margarina e lo zucchero a fuoco basso, mescolando continuamente finché non si saranno amalgamati. Unire il latte e portare a bollore. Togliete dal fuoco e lasciate raffreddare. Montare lo zucchero a velo fino a ottenere una consistenza spalmabile.

Glassa Al Limone

Fa abbastanza per coprire una torta di 23 cm/9

25 g/1 oz/2 cucchiai di burro o margarina

5 ml/1 cucchiaino di scorza di limone grattugiata

30 ml/2 cucchiai di succo di limone

250 g/1½ tazze di zucchero a velo (per confettieri), setacciato

Montare insieme il burro o la margarina e la scorza di limone fino a ottenere un composto chiaro e spumoso. Sbattere gradualmente il succo di limone e lo zucchero fino a che liscio.

Glassa di burro al caffè

Fa abbastanza per riempire e coprire una torta di 23 cm/9

1 albume d'uovo

75 g/3 oz/1/3 tazza di burro o margarina, ammorbidito

30 ml/2 cucchiai di latte caldo

5 ml/1 cucchiaino di essenza di vaniglia (estratto)

15 ml/1 cucchiaio di caffè in grani istantaneo

Un pizzico di sale

350 g /12 oz/2 tazze di zucchero a velo (per confettieri), setacciato

Frullare insieme l'albume, il burro o la margarina, il latte caldo, l'essenza di vaniglia, il caffè e il sale. Mescolare gradualmente lo zucchero a velo fino a che liscio.

Glassa di Lady Baltimora

Fa abbastanza per riempire e coprire una torta di 23 cm/9

50 g/2 oz/1/3 tazza di uvetta, tritata

50 g/2 oz/¼ tazza di ciliegie glacé (candite), tritate

50 g/2 oz/½ tazza di noci pecan, tritate

25 g/1 oz/3 cucchiai di fichi secchi, tritati

2 albumi d'uovo

350 g/12 oz/1½ tazze di zucchero semolato (superfino)

Un pizzico di cremor tartaro

75 ml/5 cucchiai di acqua fredda

Un pizzico di sale

5 ml/1 cucchiaino di essenza di vaniglia (estratto)

Mescolare insieme l'uvetta, le ciliegie, le noci e i fichi. Sbattere gli albumi, lo zucchero, il cremor tartaro, l'acqua e il sale in una ciotola resistente al calore posta su una pentola di acqua bollente per circa 5 minuti fino a quando non si formano dei picchi rigidi. Togliere dal fuoco e incorporare l'essenza di vaniglia. Mescolare i frutti in un terzo della glassa e utilizzare per riempire la torta, quindi distribuire il resto sulla parte superiore e sui lati della torta.

Glassa Bianca

Fa abbastanza per coprire una torta di 23 cm/9

225 g/8 oz/1 tazza di zucchero semolato

1 albume d'uovo

30 ml/2 cucchiai di acqua

15 ml/1 cucchiaio di sciroppo d'oro (mais chiaro)

Sbattere lo zucchero, l'albume e l'acqua in una ciotola resistente al calore posta sopra una pentola di acqua bollente. Continuare a sbattere per un massimo di 10 minuti fino a quando il composto non si addensa e forma picchi rigidi. Togliere dal fuoco e aggiungere lo sciroppo. Continuare a sbattere fino ad ottenere una consistenza spalmabile.

Glassa Bianca Cremosa

Fa abbastanza per riempire e coprire una torta di 23 cm/9

75 ml/5 cucchiai di panna singola (leggera)

5 ml/1 cucchiaino di essenza di vaniglia (estratto)

75 g/3 oz/1/3 tazza di crema di formaggio

10 ml/2 cucchiaini di burro o margarina, ammorbidito

Un pizzico di sale

350 g/12 oz/2 tazze di zucchero a velo (confettieri), setacciato

Mescolare la panna, l'essenza di vaniglia, il formaggio spalmabile, il burro o la margarina e il sale fino ad ottenere un composto omogeneo. Lavorare gradualmente lo zucchero a velo fino a che liscio.

Soffice glassa bianca

Fa abbastanza per riempire e coprire una torta di 23 cm/9

2 albumi d'uovo

350 g/12 oz/1½ tazze di zucchero semolato (superfino)

Un pizzico di cremor tartaro

75 ml/5 cucchiai di acqua fredda

Un pizzico di sale

5 ml/1 cucchiaino di essenza di vaniglia (estratto)

Sbattere insieme gli albumi, lo zucchero, il cremor tartaro, l'acqua e il sale in una ciotola resistente al calore posta su una pentola di acqua bollente per circa 5 minuti fino a formare picchi rigidi. Togliere dal fuoco e incorporare l'essenza di vaniglia. Utilizzare per sandwich insieme la torta, quindi distribuire il resto sulla parte superiore e sui lati della torta.

Glassa di zucchero di canna

Fa abbastanza per coprire una torta di 23 cm/9

225 g/8 oz/1 tazza di zucchero di canna morbido

1 albume d'uovo

30 ml/2 cucchiai di acqua

5 ml/1 cucchiaino di essenza di vaniglia (estratto)

Sbattere lo zucchero, l'albume e l'acqua in una ciotola resistente al calore posta sopra una pentola di acqua bollente. Continuare a sbattere per un massimo di 10 minuti fino a quando il composto non si addensa e forma picchi rigidi. Togliere dal fuoco e aggiungere l'essenza di vaniglia. Continuare a sbattere fino ad ottenere una consistenza spalmabile.

Delizia alla crema di burro e vaniglia

Fa abbastanza per riempire e coprire una torta di 23 cm/9

1 albume d'uovo

75 g/3 oz/1/3 tazza di burro o margarina, ammorbidito

30 ml/2 cucchiai di latte caldo

5 ml/1 cucchiaino di essenza di vaniglia (estratto)

Un pizzico di sale

350 g /12 oz/2 tazze di zucchero a velo (per confettieri), setacciato

Frullare insieme l'albume, il burro o la margarina, il latte caldo, l'essenza di vaniglia e il sale. Mescolare gradualmente lo zucchero a velo fino a che liscio.

Crema Alla Vaniglia

Per 600 ml/1 pt/2½ tazze

100 g/4 oz/½ tazza di zucchero semolato (superfino)

50 g/2 oz/¼ tazza di amido di mais (amido di mais)

4 tuorli d'uovo

600 ml/1 pt/2½ tazze di latte

1 baccello di vaniglia (baccello)

Zucchero a velo (confettieri), setacciato, per spolverare

Sbattere metà dello zucchero con la maizena e i tuorli d'uovo fino a quando non saranno ben amalgamati. Portare a bollore il restante zucchero e il latte con il baccello di vaniglia. Sbattere la miscela di zucchero nel latte caldo, quindi riportare a ebollizione, mescolando continuamente, e cuocere per 3 minuti fino a quando non si addensa. Versate in una ciotola, spolverizzate con zucchero a velo per evitare che si formi la pellicina e lasciate raffreddare. Battere di nuovo prima dell'uso.

Ripieno di crema

Fa abbastanza per riempire una torta di 23 cm/9

325 ml/11 fl oz/11/3 tazze di latte

45 ml/3 cucchiai di amido di mais (amido di mais)

60 g/2½ oz/1/3 tazza di zucchero semolato (superfino)

1 uovo

15 ml/1 cucchiaio di burro o margarina

5 ml/1 cucchiaino di essenza di vaniglia (estratto)

Frullare 30 ml/2 cucchiai di latte con la maizena, lo zucchero e l'uovo. Portare il latte rimanente a poco meno di ebollizione in un pentolino. Incorporare gradualmente il latte caldo al composto di uova. Sciacquare la padella, quindi rimettere il composto nella padella e mescolare a fuoco basso fino a quando non si addensa. Incorporare il burro o la margarina e l'essenza di vaniglia. Coprire con carta da forno imburrata (cerata) e lasciare raffreddare.

Ripieno di crema pasticcera danese

Per 750 ml/1¼ pt/3 tazze

2 uova

50 g/2 oz/¼ tazza di zucchero semolato (superfino)

50 g/2 oz/½ tazza di farina (per tutti gli usi)

600 ml/1 pt/2½ tazze di latte

bacca di vaniglia (baccello)

Sbattere insieme le uova e lo zucchero fino a che non si addensano. Incorporare gradualmente la farina. Portare a bollore il latte e il baccello di vaniglia. Rimuovere il baccello di vaniglia e unire il latte al composto di uova. Ritorna nella padella e fai sobbollire dolcemente per 2-3 minuti, mescolando continuamente. Lasciare raffreddare prima dell'uso.

Ricco ripieno di crema pasticcera danese

Per 750 ml/1¼ pt/3 tazze

4 tuorli d'uovo

30 ml/2 cucchiai di zucchero semolato

25 ml/1½ cucchiaio di farina (per tutti gli usi)

10 ml/2 cucchiaini di fecola di patate

450 ml/¾ pt/2 tazze di crema singola (leggera)

Qualche goccia di essenza di vaniglia (estratto)

150 ml/¼ pt/2/3 tazza di panna doppia (pesante), montata

In una padella unire i tuorli, lo zucchero, le farine e la panna. Sbattere a fuoco medio fino a quando il composto non inizia ad addensarsi. Aggiungere l'essenza di vaniglia, quindi lasciare raffreddare. Incorporare la panna montata.

Crema pasticcera

Per 300 ml/½ pt/1¼ tazze

2 uova, separate

45 ml/3 cucchiai di amido di mais (amido di mais)

300 ml/½ pt/1¼ tazze di latte

Qualche goccia di essenza di vaniglia (estratto)

50 g/2 oz/¼ tazza di zucchero semolato (superfino)

Mescolare i tuorli, la maizena e il latte in un pentolino fino a quando non saranno ben amalgamati. Portare a ebollizione a fuoco medio, quindi cuocere a fuoco lento per 2 minuti, mescolando continuamente. Incorporate l'essenza di vaniglia e lasciate raffreddare.

Montare gli albumi a neve, quindi aggiungere metà dello zucchero e montare ancora fino a formare dei picchi rigidi. Incorporare il resto dello zucchero. Sbattere nella miscela di panna e raffreddare fino al momento dell'uso.

Ripieno di crema allo zenzero

Fa abbastanza per riempire una torta di 23 cm/9

100 g/4 oz/½ tazza di burro o margarina, ammorbidito

450 g/1 lb/22/3 tazze di zucchero a velo (confettieri), setacciato

5 ml/1 cucchiaino di zenzero in polvere

30 ml/2 cucchiai di latte

75 g/3 oz/¼ tazza di melassa nera (melassa)

Sbattere il burro o la margarina con lo zucchero e lo zenzero fino a ottenere un composto chiaro e cremoso. Incorporare gradualmente il latte e la melassa fino a ottenere un composto liscio e spalmabile. Se il ripieno è troppo sottile, sbattere un po' più di zucchero.

Ripieno al limone

Per 250 ml/8 fl oz/1 tazza

100 g/4 oz/½ tazza di zucchero semolato (superfino)

30 ml/2 cucchiai di amido di mais (amido di mais)

60 ml/4 cucchiai di succo di limone

15 ml/1 cucchiaio di scorza di limone grattugiata

120 ml/4 fl oz/½ tazza d'acqua

Un pizzico di sale

15 ml/1 cucchiaio di burro o margarina

Mescolare tutti gli ingredienti tranne il burro o la margarina in un pentolino a fuoco basso, mescolando delicatamente fino a quando il composto non sarà ben amalgamato. Portare a bollore e far bollire per 1 minuto. Incorporare il burro o la margarina e lasciare raffreddare. Raffreddare prima dell'uso.

Glassa al cioccolato

Fa abbastanza per glassare una torta di 25 cm/10/10

50 g/2 oz/½ tazza di cioccolato fondente (semidolce), tritato

50 g/2 oz/¼ tazza di burro o margarina

2,5 ml/½ cucchiaino di essenza di vaniglia (estratto)

75 ml/5 cucchiai di acqua bollente

350 g/12 oz/2 tazze di zucchero a velo (confettieri), setacciato

Frulla tutti gli ingredienti in un frullatore o in un robot da cucina fino a che liscio, spingendo gli ingredienti verso il basso se necessario. Utilizzare subito.

Glassa di frutta

Fa abbastanza per glassare una torta di 25 cm/10/10

75 ml/5 cucchiai di sciroppo d'oro (mais chiaro)

60 ml/4 cucchiai di succo di ananas o arancia

Unire lo sciroppo e il succo in un pentolino e portare a bollore. Togliere dal fuoco e spennellare il composto sulla parte superiore e sui lati di una torta raffreddata. Lasciare impostare. Riportate la glassa a bollore e spennellate una seconda mano sulla torta.

Glassa di torta di frutta all'arancia

Fa abbastanza per glassare una torta di 25 cm/10/10

50 g/2 oz/¼ tazza di zucchero semolato (superfino)

30 ml/2 cucchiai di succo d'arancia

10 ml/2 cucchiaini di scorza d'arancia grattugiata

Unire gli ingredienti in un pentolino e portare a bollore, mescolando continuamente. Togliere dal fuoco e spennellare il composto sulla parte superiore e sui lati di una torta raffreddata. Lasciare impostare. Riportate la glassa a bollore e spennellate una seconda mano sulla torta.

Quadrati di meringa alle mandorle

fa 12

225 g/8 oz di pasta frolla

60 ml/4 cucchiai di marmellata di lamponi (conserva)

2 albumi d'uovo

50 g/2 oz/½ tazza di mandorle tritate

100 g/4 oz/½ tazza di zucchero semolato (superfino)

Qualche goccia di essenza di mandorle (estratto)

25 g/1 oz/¼ tazza di mandorle a scaglie (a scaglie)

Stendere la pasta (pasta) e utilizzare per rivestire una teglia unta di 30 x 20 cm/12 x 8 in uno stampo per rotolo svizzero (teglia per rotolo di gelatina). Spalmare con la marmellata. Montare gli albumi a neve ben ferma, quindi incorporare delicatamente le mandorle tritate, lo zucchero e l'essenza di mandorle. Spalmate sopra la marmellata e cospargete con le mandorle a lamelle. Cuocere in forno preriscaldato a 180°C/350°F/gas mark 4 per 45 minuti fino a quando saranno dorati e croccanti. Lasciare raffreddare, quindi tagliare a quadrati.

Gocce d'angelo

fa 24

50 g/2 oz/¼ tazza di burro o margarina, ammorbidito

50 g/2 oz/¼ tazza di strutto (accorciamento)

100 g/4 oz/½ tazza di zucchero semolato (superfino)

1 uovo piccolo, sbattuto

Qualche goccia di essenza di vaniglia (estratto)

175 g/6 oz/1½ tazze di farina autolievitante (autolievitante)

45 ml/3 cucchiai di fiocchi d'avena

50 g/2 oz/¼ tazza di ciliegie glacé (candite), dimezzate

Montare il burro o la margarina, lo strutto e lo zucchero fino ad ottenere un composto chiaro e spumoso. Sbattere l'uovo e l'essenza di vaniglia, quindi incorporare la farina e impastare fino a ottenere un impasto sodo. Rompete in piccole palline e rotolatele nell'avena. Disporre bene a parte su una teglia (biscotto) unta e guarnire ciascuno con una ciliegia. Cuocere in forno preriscaldato a 180°C/350°F/gas mark 4 per 20 minuti fino a che non si rassodi. Lasciar raffreddare sulla teglia.

Fette di mandorla

fa 12

100 g/4 oz/½ tazza di burro o margarina

225 g/8 oz/2 tazze di farina normale (per tutti gli usi)

5 ml/1 cucchiaino di lievito per dolci

50 g/2 oz/¼ tazza di zucchero semolato (superfino)

1 uovo, separato

75 ml/5 cucchiai di marmellata di lamponi (conserva)

100 g/4 oz/2/3 tazza di zucchero a velo (confettieri), setacciato

100 g/4 oz/1 tazza di mandorle in scaglie (a scaglie)

Strofinare il burro o la margarina nella farina e nel lievito fino a ottenere un composto simile al pangrattato. Incorporare lo zucchero, quindi incorporare il tuorlo d'uovo e impastare fino ad ottenere un impasto sodo. Stendete su una superficie leggermente infarinata in modo che si adatti uno stampo da 30 x 20 cm/12 x 8 unto in uno stampo per rotoli (jelly roll pan). Premere delicatamente nella teglia e sollevare leggermente i bordi dell'impasto per fare un labbro. Spalmare con la marmellata. Montare a neve ferma l'albume, quindi incorporare gradualmente lo zucchero a velo. Spalmate sopra la marmellata e cospargete con le mandorle. Cuocere in forno preriscaldato a 160°C/325°F/gas mark 3 per 1 ora fino a doratura e appena soda. Lasciare raffreddare nello stampo per 5 minuti, quindi tagliare a dita e capovolgere su una gratella per completare il raffreddamento.

Tartellette Bakewell

fa 24

Per la pasticceria:

25 g/1 oz/2 cucchiai di strutto (grasso)

25 g/1 oz/2 cucchiai di burro o margarina

100 g/4 oz/1 tazza di farina (per tutti gli usi))

Un pizzico di sale

30 ml/2 cucchiai di acqua

45 ml/3 cucchiai di marmellata di lamponi (conserva)

Per il ripieno:

50 g/2 oz/¼ tazza di burro o margarina, ammorbidito

50 g/2 oz/¼ tazza di zucchero semolato (superfino)

1 uovo, leggermente sbattuto

25 g/1 oz/¼ tazza di farina autolievitante (autolievitante)

25 g/1 oz/¼ tazza di mandorle tritate

Qualche goccia di essenza di mandorle (estratto)

Per fare la pasta, strofinare lo strutto e il burro o la margarina nella farina e nel sale fino a quando il composto non assomiglia al pangrattato. Mescolare abbastanza acqua per fare una pasta morbida. Stendete sottilmente su una superficie leggermente infarinata, tagliate a cerchi di 7,5 cm/3 e usate per rivestire le sezioni di due stampi per ciambelle imburrati (teglie per polpette). Farcire con la marmellata.

Per fare il ripieno, sbattere insieme il burro o la margarina e lo zucchero, quindi incorporare gradualmente l'uovo. Incorporare la farina, le mandorle tritate e l'essenza di mandorle. Versare il composto nelle crostate, sigillando i bordi alla pasta frolla in modo che la marmellata sia completamente ricoperta. Cuocere in forno preriscaldato a 180°C/350°F/gas mark 4 per 20 minuti fino a doratura.

Torte Farfalle Al Cioccolato

Per circa 12 torte

Per le torte:

100 g/4 oz/½ tazza di burro o margarina, ammorbidito

100 g/4 oz/½ tazza di zucchero semolato (superfino)

2 uova, leggermente sbattute

100 g/4 oz/1 tazza di farina autolievitante (autolievitante)

30 ml/2 cucchiai di cacao (cioccolato non zuccherato) in polvere

Un pizzico di sale

30 ml/2 cucchiai di latte freddo

Per la glassa (glassa):

50 g/2 oz/¼ tazza di burro o margarina, ammorbidito

100 g/4 oz/2/3 tazza di zucchero a velo (confettieri), setacciato

10 ml/2 cucchiaini di latte caldo

Per preparare le torte, sbattere insieme il burro o la margarina e lo zucchero fino a ottenere un composto chiaro e spumoso. Incorporare gradualmente le uova alternandole con la farina, il cacao e il sale, quindi aggiungere il latte in modo da ottenere un composto morbido. Versare in torte di carta (cartine per cupcake) o stampi per ciambelle unti (teglie per polpette) e cuocere in forno preriscaldato a 190°/375° F/gas mark 5 per 15-20 minuti finché non sono ben lievitati ed elastici al tatto. Lasciare raffreddare. Tagliare le parti superiori delle torte orizzontalmente, quindi tagliare le parti superiori a metà verticalmente per creare le "ali" della farfalla.

Per preparare la glassa, sbattere il burro o la margarina fino a renderlo morbido, quindi sbattere a metà lo zucchero a velo. Sbattere il latte, poi il restante zucchero. Dividi la miscela di glassa tra le torte, quindi premi le "ali" nella parte superiore delle torte in un angolo.

Torte Al Cocco

fa 12

100 g/4 oz di pasta frolla

50 g/2 oz/¼ tazza di burro o margarina, ammorbidito

50 g/2 oz/¼ tazza di zucchero semolato (superfino)

1 uovo, sbattuto

25 g/1 oz/2 cucchiai di farina di riso

50 g/2 oz/½ tazza di cocco disidratato (grattugiato)

1,5 ml/¼ cucchiaino di lievito in polvere

60 ml/4 cucchiai di crema spalmabile al cioccolato

Stendere la pasta frolla (pasta) e utilizzare per rivestire le sezioni di una tortiera (tortiera). Sbattere insieme il burro o la margarina e lo zucchero, quindi sbattere l'uovo e la farina di riso. Incorporare il cocco e il lievito. Mettere un cucchiaino di cioccolato da spalmare sul fondo di ogni pirofila (guscio di torta). Versare sopra il composto di cocco e cuocere in forno preriscaldato a 200°C/400°F/gas mark 6 per 15 minuti fino a quando non sarà lievitato e dorato.

Cupcake Dolci

fa 15

100 g/4 oz/½ tazza di burro o margarina, ammorbidito

225 g/8 oz/1 tazza di zucchero semolato (superfino)

2 uova

5 ml/1 cucchiaino di essenza di vaniglia (estratto)

175 g/6 oz/1½ tazze di farina autolievitante (autolievitante)

5 ml/1 cucchiaino di lievito per dolci

Un pizzico di sale

75 ml/5 cucchiai di latte

Montare il burro o la margarina e lo zucchero fino a ottenere un composto chiaro e spumoso. Aggiungere gradualmente le uova e l'essenza di vaniglia, sbattendo bene dopo ogni aggiunta. Incorporate la farina, il lievito e il sale alternandoli al latte, sbattendo bene. Versare il composto in pirottini di carta (cartine per cupcake) e cuocere in forno preriscaldato a 190°C/375°F/gas mark 5 per 20 minuti fino a quando uno stecchino inserito al centro non esce pulito.

Torte Al Caffè

fa 12

Per le torte:
100 g/4 oz/½ tazza di burro o margarina, ammorbidito

100 g/4 oz/½ tazza di zucchero semolato (superfino)

2 uova, leggermente sbattute

100 g/4 oz/1 tazza di farina autolievitante (autolievitante)

10 ml/2 cucchiaini di essenza di caffè (estratto)

Per la glassa (glassa):
50 g/2 oz/¼ tazza di burro o margarina, ammorbidito

100 g/4 oz/2/3 tazza di zucchero a velo (confettieri), setacciato

Qualche goccia di essenza di caffè (estratto)

100 g/4 oz/1 tazza di gocce di cioccolato

Per preparare le torte, sbattere insieme il burro o la margarina e lo zucchero fino a ottenere un composto chiaro e spumoso. Sbattere gradualmente le uova, quindi incorporare la farina e l'essenza di caffè. Versare il composto in pirottini di carta (cartine per cupcake) posizionati in una tortiera (tortiera) e cuocere in forno preriscaldato a 180 ° C / 350° F / gas mark 4 per 20 minuti fino a quando non è ben lievitato ed elastico al tatto. Lasciare raffreddare.

Per preparare la glassa, sbattere il burro o la margarina fino a renderlo morbido, quindi unire lo zucchero a velo e l'essenza di caffè. Stendere sulla superficie delle torte e decorare con le gocce di cioccolato.

Torte Eccles

fa 16

50 g/2 oz/¼ tazza di burro o margarina

50 g/2 oz/¼ tazza di zucchero di canna morbido

225 g/8 oz/11/3 tazze di ribes

450 g/1 libbra di pasta sfoglia o pasta sfoglia

Un po' di latte

45 ml/3 cucchiai di zucchero semolato (superfino)

Sciogliere il burro o la margarina e lo zucchero di canna a fuoco basso, mescolando bene. Togliete dal fuoco e unite i ribes. Lasciar raffreddare leggermente. Stendere la pasta (pasta) su una superficie infarinata e tagliarla in 16 cerchi. Dividere il composto di ripieno tra i cerchi, quindi ripiegare i bordi verso il centro, spennellando con acqua per sigillare i bordi. Capovolgere le torte e stenderle leggermente con il mattarello per appiattirle leggermente. Tagliate tre fessure nella parte superiore di ognuna, spennellate con il latte e cospargete con lo zucchero. Mettere su una teglia unta (biscotto) e cuocere in forno preriscaldato a 200°C/400°F/gas mark 6 per 20 minuti fino a doratura.

Torte Di Fata

Fa circa 12

100 g/4 oz/½ tazza di burro o margarina, ammorbidito

100 g/4 oz/½ tazza di zucchero semolato (superfino)

2 uova, leggermente sbattute

100 g/4 oz/1 tazza di farina autolievitante (autolievitante)

Un pizzico di sale

30 ml/2 cucchiaini di latte

Qualche goccia di essenza di vaniglia (estratto)

Montare il burro o la margarina con lo zucchero fino a ottenere un composto chiaro e spumoso. Incorporare gradualmente le uova alternandole con la farina e il sale, quindi aggiungere il latte e l'essenza di vaniglia fino ad ottenere un composto morbido. Versare nelle torte di carta (cartine per cupcake) o negli stampini unti (teglie per polpette) e cuocere in forno preriscaldato a 190°C/375°F/gas mark 5 per 15-20 minuti fino a quando non saranno ben lievitati ed elastici al tatto.

Torte Principessa

fa 12

50 g/2 oz/¼ tazza di burro o margarina, ammorbidito

50 g/2 oz/¼ tazza di zucchero semolato (superfino)

1 uovo

50 g/2 oz/½ tazza di farina autolievitante (autolievitante)

100 g/4 oz/2/3 tazza di zucchero a velo (confettieri)

15 ml/1 cucchiaio di acqua tiepida

Qualche goccia di colorante alimentare

Montare il burro o la margarina e lo zucchero fino a ottenere un composto chiaro e spumoso. Sbattere gradualmente l'uovo, quindi incorporare la farina. Dividere il composto tra 12 pirottini di carta (cartine per cupcake) disposti in stampini per ciambelle (teglie). Cuocere in forno preriscaldato a 160°C/325°F/gas mark 3 per 15-20 minuti fino a quando non saranno lievitati ed elastici al tatto. Lasciare raffreddare.

Mescolare lo zucchero a velo e l'acqua tiepida. Colora un terzo della glassa (glassa) con colorante alimentare a tua scelta. Spalmare la glassa bianca sulle torte. Distribuisci la glassa colorata in linee sulla torta, quindi disegna una punta di coltello ad angolo retto rispetto alle linee prima in un senso, poi nell'altra direzione, per creare un motivo ondulato. Lasciare impostare.

Fantasie Genovesi

fa 12

3 uova, leggermente sbattute

75 g/3 oz/1/3 tazza di zucchero semolato (superfino)

75 g/3 oz/¾ tazza di farina autolievitante (autolievitante)

Qualche goccia di essenza di vaniglia (estratto)

25 g/1 oz/2 cucchiai di burro o margarina, sciolto e raffreddato

60 ml/4 cucchiai di marmellata di albicocche (conserva), setacciata (filtrata)

60 ml/4 cucchiai di acqua

225 g/8 oz/11/3 tazze di zucchero a velo (confettieri), setacciato

Qualche goccia di colorante alimentare rosa e blu (facoltativo)

Decorazioni per torte

Mettere le uova e lo zucchero semolato in una ciotola resistente al calore posta sopra una pentola di acqua bollente. Sbattere fino a quando il composto non si stacca dalla frusta a nastri. Incorporare la farina e l'essenza di vaniglia, quindi incorporare il burro o la margarina. Versare il composto in uno stampo per rotolo svizzero da 30 x 20 cm/ 12 x 8 imburrato (teglia per rotoli di gelatina) e cuocere in forno preriscaldato a 190°C/375°F/ gas mark 5 per 30 minuti. Lasciare raffreddare, quindi tagliare in forme. Scaldare la marmellata con 30 ml/2 cucchiai di acqua e spennellare le torte.

Setacciare lo zucchero a velo in una ciotola. Se desideri rendere la glassa (glassa) di colori diversi, dividila in ciotole separate e fai un buco al centro di ciascuna. Aggiungere gradualmente qualche goccia di colore e l'acqua rimanente quanto basta per amalgamare fino ad ottenere una glassa abbastanza consistente. Distribuire sulle torte e decorare a piacere.

Amaretti alle mandorle

fa 16

Carta di riso

100 g/4 oz/½ tazza di zucchero semolato (superfino)

50 g/2 oz/½ tazza di mandorle tritate

5 ml/1 cucchiaino di riso macinato

Qualche goccia di essenza di mandorle (estratto)

1 albume d'uovo

8 mandorle pelate, dimezzate

Foderare una teglia (biscotto) con carta di riso. Mescolare tutti gli ingredienti, tranne le mandorle pelate, fino a ottenere una pasta rigida e sbattere bene. Mettere delle cucchiaiate di composto sulla teglia (biscotto) e guarnire ognuna con una metà di mandorla. Cuocere in forno preriscaldato a 150°C/325°F/gas mark 3 per 25 minuti. Lasciare raffreddare sulla teglia, quindi tagliare o strappare ognuno intorno per staccarlo dalla carta di riso.

Macaroons al cocco

2 albumi d'uovo

150 g/5 oz/2/3 tazza di zucchero semolato (superfino)

150 g/5 oz/1¼ tazze di cocco disidratato (grattugiato)

Carta di riso

8 ciliegie glassate (candite), dimezzate

Montare gli albumi a neve. Sbattere lo zucchero fino a quando il composto non forma picchi rigidi. Incorporare il cocco. Mettere la carta di riso su una teglia (biscotto) e adagiare cucchiaiate del composto sulla teglia. Metti una metà di ciliegia sopra ciascuno. Cuocere in forno preriscaldato a 160°C/325°F/gas mark 3 per 30 minuti fino a quando non si sarà rassodato. Lasciare raffreddare sulla carta di riso, quindi tagliare o strappare intorno a ciascuno per staccarlo dal foglio di carta di riso.

Amaretti al lime

fa 12

100 g/4 oz di pasta frolla

60 ml/4 cucchiai di marmellata di lime

2 albumi d'uovo

50 g/2 oz/¼ tazza di zucchero semolato (superfino)

25 g/1 oz/¼ tazza di mandorle tritate

10 ml/2 cucchiaini di riso macinato

5 ml/1 cucchiaino di acqua di fiori d'arancio

Stendere la pasta frolla (pasta) e utilizzare per rivestire le sezioni di una tortiera (tortiera). Mettere un cucchiaino di marmellata in ogni pirofila (guscio di torta). Montare gli albumi a neve. Sbattere lo zucchero fino a quando non diventa rigido e lucido. Incorporare le mandorle, il riso e l'acqua di fiori d'arancio. Versare negli stampini, ricoprendo completamente la marmellata. Cuocere in forno preriscaldato a 180°C/350°F/gas mark 4 per 30 minuti fino a quando non saranno ben lievitati e dorati.

Amaretti d'avena

fa 24

175 g/6 oz/1½ tazze di fiocchi d'avena

175 g/6 oz/¾ tazza di zucchero muscovado

120 ml/4 fl oz/½ tazza di olio

1 uovo

2,5 ml/½ cucchiaino di sale

2,5 ml/½ cucchiaino di essenza di mandorle (estratto)

Mescolare l'avena, lo zucchero e l'olio e lasciar riposare per 1 ora. Sbattere l'uovo, il sale e l'essenza di mandorle. Mettere i cucchiai del composto su una teglia (biscotto) unta e cuocere in forno preriscaldato a 160°C/325°F/gas mark 3 per 20 minuti fino a doratura.

Madeleines

fa 9

100 g/4 oz/½ tazza di burro o margarina, ammorbidito

100 g/4 oz/½ tazza di zucchero semolato (superfino)

2 uova, leggermente sbattute

100 g/4 oz/1 tazza di farina autolievitante (autolievitante)

175 g/6 oz/½ tazza di marmellata di fragole o lamponi (conserva)

60 ml/4 cucchiai di acqua

50 g/2 oz/½ tazza di cocco disidratato (grattugiato)

5 ciliegie glassate (candite), dimezzate

Montare il burro o la margarina fino a quando non diventa chiaro, quindi sbattere lo zucchero fino a renderlo chiaro e spumoso. Sbattere gradualmente le uova, quindi incorporare la farina. Versare in nove stampini dariole (budino di castello) unti e adagiarli su una teglia (biscotto). Cuocere in forno preriscaldato a 190°C/375°F/gas mark 5 per 20 minuti fino a quando non saranno ben lievitati e dorati. Lasciare raffreddare negli stampini per 5 minuti, quindi capovolgere su una gratella per completare il raffreddamento.

Rifilate la parte superiore di ogni torta in modo da formare una base piatta. Setacciare (filtrare) la marmellata e portare a ebollizione con l'acqua in un pentolino, mescolando fino a quando non sarà ben amalgamata. Stendere la noce di cocco su un grande foglio di carta oleata (cerata). Infilate uno stecchino nella base della prima torta, spennellate con la glassa alla marmellata, poi arrotolatela nel cocco fino a ricoprirla. Mettere su un piatto da portata. Ripetere con le restanti torte. Guarnire con ciliegie glassate a metà.

Torte Di Marzapane

Fa circa 12

450 g/1 lb/4 tazze di mandorle tritate

100 g/4 oz/2/3 tazza di zucchero a velo (confettieri), setacciato

100 g/4 oz/½ tazza di zucchero semolato (superfino)

30 ml/2 cucchiai di acqua

3 albumi d'uovo

Per la glassa (glassa):
100 g/4 oz/2/3 tazza di zucchero a velo (confettieri), setacciato

1 albume d'uovo

2,5 ml/½ cucchiaino di aceto

Mescolare tutti gli ingredienti della torta in una padella e scaldare dolcemente, mescolando, fino a quando la pasta ha assorbito tutto il liquido. Togliete dal fuoco e lasciate raffreddare. Stendete su un piano leggermente infarinato ad uno spessore di 1 cm/½ e tagliate a strisce di 3 cm/1½. Tagliare in 5 cm/2 di lunghezza, disporre su una teglia unta (biscotto) e cuocere in forno preriscaldato a 150°C/300°F/gas mark 2 per 20 minuti fino a quando la superficie non diventa marrone chiaro. Lasciare raffreddare.

Per preparare la glassa, mescola gradualmente l'albume e l'aceto allo zucchero a velo fino a ottenere una glassa liscia e densa. Versare la glassa sulle torte.

Muffin

fa 12

225 g/8 oz/2 tazze di farina normale (per tutti gli usi)

100 g/4 oz/½ tazza di zucchero semolato (superfino)

10 ml/2 cucchiaini di lievito per dolci

2,5 ml/½ cucchiaino di sale

1 uovo, leggermente sbattuto

250 ml/8 fl oz/1 tazza di latte

120 ml/4 fl oz/½ tazza di olio

Mescolare la farina, lo zucchero, il lievito e il sale e fare una fontana al centro. Mescolare insieme gli ingredienti rimanenti e mescolare agli ingredienti secchi fino a quando non sono appena amalgamati. Non mescolare troppo. Versare negli stampini per muffin (carta) o negli stampini per muffin imburrati (teglie) e cuocere in forno preriscaldato a 200°C/400°F/gas mark 6 per 20 minuti fino a quando saranno ben lievitati ed elastici al tatto.

Muffin di mela

fa 12

225 g/8 oz/2 tazze di farina normale (per tutti gli usi)

100 g/4 oz/½ tazza di zucchero semolato (superfino)

10 ml/2 cucchiaini di lievito per dolci

2,5 ml/½ cucchiaino di sale

1 uovo, leggermente sbattuto

250 ml/8 fl oz/1 tazza di latte

120 ml/4 fl oz/½ tazza di olio

2 mele da mangiare (da dessert), sbucciate, private del torsolo e tritate

Mescolare la farina, lo zucchero, il lievito e il sale e fare una fontana al centro. Mescolare insieme gli ingredienti rimanenti e mescolare agli ingredienti secchi fino a quando non sono appena amalgamati. Non mescolare troppo. Versare negli stampini per muffin (carta) o negli stampini per muffin imburrati (teglie) e cuocere in forno preriscaldato a 200°C/400°F/gas mark 6 per 20 minuti fino a quando saranno ben lievitati ed elastici al tatto.

Muffin alla banana

fa 12

225 g/8 oz/2 tazze di farina normale (per tutti gli usi)

100 g/4 oz/½ tazza di zucchero semolato (superfino)

10 ml/2 cucchiaini di lievito per dolci

2,5 ml/½ cucchiaino di sale

1 uovo, leggermente sbattuto

250 ml/8 fl oz/1 tazza di latte

120 ml/4 fl oz/½ tazza di olio

2 banane, schiacciate

Mescolare la farina, lo zucchero, il lievito e il sale e fare una fontana al centro. Mescolare insieme gli ingredienti rimanenti e mescolare agli ingredienti secchi fino a quando non sono appena amalgamati. Non mescolare troppo. Versare negli stampini per muffin (carta) o negli stampini per muffin imburrati (teglie) e cuocere in forno preriscaldato a 200°C/400°F/gas mark 6 per 20 minuti fino a quando saranno ben lievitati ed elastici al tatto.

Muffin al ribes nero

fa 12

225 g/8 oz/2 tazze di farina autolievitante (autolievitante)

75 g/3 oz/1/3 tazza di zucchero semolato (superfino)

2 albumi d'uovo

75 g/3 oz di ribes nero

200 ml/7 fl oz/scarsa 1 tazza di latte

30 ml/2 cucchiai di olio

Mescolare insieme la farina e lo zucchero. Montare leggermente gli albumi, quindi incorporarli agli ingredienti secchi. Unire il ribes nero, il latte e l'olio. Versare negli stampini da muffin imburrati (teglie) e cuocere in forno preriscaldato a 200°C/400°F/gas mark 6 per 15-20 minuti fino a doratura.

Muffin americani ai mirtilli

fa 12

150 g/5 oz/1¼ tazze di farina normale (per tutti gli usi)

75 g/3 oz/¾ tazza di farina di mais

75 g/3 oz/1/3 tazza di zucchero semolato (superfino)

10 ml/2 cucchiaini di lievito per dolci

Un pizzico di sale

1 uovo, leggermente sbattuto

75 g/3 oz/1/3 tazza di burro o margarina, sciolto

250 ml/8 fl oz/1 tazza di latticello

100 g/4 oz di mirtilli

Mescolare la farina, la farina di mais, lo zucchero, il lievito e il sale e fare un buco al centro. Aggiungere l'uovo, il burro o la margarina e il latticello e mescolare fino a quando non si saranno amalgamati. Incorporare i mirtilli o le more. Versare in pirottini (carta) per muffin e cuocere in forno preriscaldato a 200°C/400°F/gas mark 6 per 20 minuti fino a doratura ed elastica al tatto.

Muffin alle ciliegie

fa 12

225 g/8 oz/2 tazze di farina normale (per tutti gli usi)

100 g/4 oz/½ tazza di zucchero semolato (superfino)

100 g/4 oz/½ tazza di ciliegie glacé (candite)

10 ml/2 cucchiaini di lievito per dolci

2,5 ml/½ cucchiaino di sale

1 uovo, leggermente sbattuto

250 ml/8 fl oz/1 tazza di latte

120 ml/4 fl oz/½ tazza di olio

Mescolare la farina, lo zucchero, le ciliegie, il lievito e il sale e fare una fontana al centro. Mescolare insieme gli ingredienti rimanenti e mescolare agli ingredienti secchi fino a quando non sono appena amalgamati. Non mescolare troppo. Versare negli stampini per muffin (carta) o negli stampini per muffin imburrati (teglie) e cuocere in forno preriscaldato a 200°C/400°F/gas mark 6 per 20 minuti fino a quando saranno ben lievitati ed elastici al tatto.

Muffin al cioccolato

Rende 10-12

175 g/6 oz/1½ tazze di farina (per tutti gli usi)

40 g/1½ oz/1/3 tazza di cacao (cioccolato non zuccherato) in polvere

100 g/4 oz/½ tazza di zucchero semolato (superfino)

10 ml/2 cucchiaini di lievito per dolci

2,5 ml/½ cucchiaino di sale

1 uovo grande

250 ml/8 fl oz/1 tazza di latte

2,5 ml/½ cucchiaino di essenza di vaniglia (estratto)

120 ml/4 fl oz/½ tazza di olio di girasole o vegetale

Mescolare gli ingredienti secchi e fare un buco al centro. Mescolare bene l'uovo, il latte, l'essenza di vaniglia e l'olio. Mescolare rapidamente il liquido negli ingredienti secchi fino a quando non sono tutti incorporati. Non mescolare troppo; il composto deve risultare grumoso. Versare in pirottini (carta) o stampini (teglie) per muffin e cuocere in forno preriscaldato a 200°C/400°F/gas mark 6 per circa 20 minuti fino a quando saranno ben lievitati ed elastici al tatto.

Muffin con scaglie di cioccolato

fa 12

175 g/6 oz/1½ tazze di farina (per tutti gli usi)

100 g/4 oz/½ tazza di zucchero semolato (superfino)

45 ml/3 cucchiai di cacao (cioccolato non zuccherato) in polvere

100 g/4 oz/1 tazza di gocce di cioccolato

10 ml/2 cucchiaini di lievito per dolci

2,5 ml/½ cucchiaino di sale

1 uovo, leggermente sbattuto

250 ml/8 fl oz/1 tazza di latte

120 ml/4 fl oz/½ tazza di olio

2,5 ml/½ cucchiaino di essenza di vaniglia (estratto)

Mescolare la farina, lo zucchero, il cacao, le gocce di cioccolato, il lievito e il sale e fare una fontana al centro. Mescolare insieme gli ingredienti rimanenti e mescolare agli ingredienti secchi fino a quando non sono appena amalgamati. Non mescolare troppo. Versare negli stampini per muffin (carta) o negli stampini per muffin imburrati (teglie) e cuocere in forno preriscaldato a 200°C/400°F/gas mark 6 per 20 minuti fino a quando saranno ben lievitati ed elastici al tatto.

Muffin alla cannella

fa 12

225 g/8 oz/2 tazze di farina normale (per tutti gli usi)

100 g/4 oz/½ tazza di zucchero semolato (superfino)

10 ml/2 cucchiaini di lievito per dolci

5 ml/1 cucchiaino di cannella in polvere

2,5 ml/½ cucchiaino di sale

1 uovo, leggermente sbattuto

250 ml/8 fl oz/1 tazza di latte

120 ml/4 fl oz/½ tazza di olio

Mescolare la farina, lo zucchero, il lievito, la cannella e il sale e fare una fontana al centro. Mescolare insieme gli ingredienti rimanenti e mescolare agli ingredienti secchi fino a quando non sono appena amalgamati. Non mescolare troppo. Versare negli stampini per muffin (carta) o negli stampini per muffin imburrati (teglie) e cuocere in forno preriscaldato a 200°C/400°F/gas mark 6 per 20 minuti fino a quando saranno ben lievitati ed elastici al tatto.

Muffin di farina di mais

fa 12

50 g/2 oz/½ tazza di farina (per tutti gli usi)

100 g/4 oz/1 tazza di farina di mais

5 ml/1 cucchiaino di lievito per dolci

1 uovo, separato

1 tuorlo d'uovo

30 ml/2 cucchiai di olio di mais

30 ml/2 cucchiai di latte

Mescolare insieme la farina, la farina di mais e il lievito. Sbattere i tuorli, l'olio e il latte, quindi incorporarli agli ingredienti secchi. Montare a neve ferma l'albume, quindi incorporarlo al composto. Versare negli stampini per muffin (carta) o negli stampini per muffin imburrati (teglie) e cuocere in forno preriscaldato a 200°C/400°F/gas mark 6 per circa 20 minuti fino a doratura.

Muffin integrali ai fichi

fa 10

100 g/4 oz/1 tazza di farina integrale (integrale)

5 ml/1 cucchiaino di lievito per dolci

50 g/2 oz/½ tazza di fiocchi d'avena

50 g/2 oz/1/3 tazza di fichi secchi, tritati

45 ml/3 cucchiai di olio

75 ml/5 cucchiai di latte

15 ml/1 cucchiaio di melassa nera (melassa)

1 uovo, leggermente sbattuto

Mescolare la farina, il lievito e l'avena, quindi incorporare i fichi. Scaldare l'olio, il latte e la melassa insieme finché non si saranno amalgamati, quindi unire gli ingredienti secchi con l'uovo e impastare fino ad ottenere un impasto sodo. Mettere i cucchiai del composto in pirottini per muffin (carta) o stampini per muffin imburrati (teglie) e cuocere in forno preriscaldato a 190°C/375°F/gas mark 5 per circa 20 minuti fino a doratura.

Muffin Frutta e Crusca

fa 8

100 g/4 oz/1 tazza di cereali All Bran

50 g/2 oz/½ tazza di farina (per tutti gli usi)

2,5 ml/½ cucchiaino di lievito in polvere

5 ml/1 cucchiaino di bicarbonato di sodio (bicarbonato di sodio)

5 ml/1 cucchiaino di spezie miste (torta di mele) macinate

50 g/2 oz/1/3 tazza di uvetta

100 g/4 oz/1 tazza di purea di mele (salsa)

5 ml/1 cucchiaino di essenza di vaniglia (estratto)

30 ml/2 cucchiai di latte

Mescolare gli ingredienti secchi e fare un buco al centro. Incorporare l'uvetta, la purea di mele e l'essenza di vaniglia e il latte quanto basta per ottenere un composto morbido. Versare negli stampini per muffin (carta) o negli stampini per muffin imburrati (teglie) e cuocere in forno preriscaldato a 200°C/400°F/gas mark 6 per 20 minuti fino a quando saranno ben lievitati e dorati.

Muffin di avena

fa 20

100 g/4 oz/1 tazza di farina d'avena

100 g/4 oz/1 tazza di farina d'avena

225 g/8 oz/2 tazze di farina integrale (integrale)

10 ml/2 cucchiaini di lievito per dolci

50 g/2 oz/1/3 tazza di uvetta (opzionale)

375 ml/13 fl oz/1½ tazze di latte

10 ml/2 cucchiaini di olio

2 albumi d'uovo

Mescolare insieme la farina d'avena, le farine e il lievito e incorporare l'uvetta, se utilizzata. Unire il latte e l'olio. Montare gli albumi a neve ben ferma, quindi incorporarli al composto. Versare negli stampini per muffin (carta) o negli stampini per muffin unti (teglie) e cuocere in forno preriscaldato a 190°C/375°F/gas mark 5 per circa 25 minuti fino a doratura.

Muffin di farina d'avena e frutta

fa 10

100 g/4 oz/1 tazza di farina integrale (integrale)

100 g/4 oz/1 tazza di farina d'avena

15 ml/1 cucchiaio di lievito per dolci

100 g/4 oz/2/3 tazza di uva sultanina (uvetta dorata)

50 g/2 oz/½ tazza di noci miste tritate

1 mela da mangiare (dolce), sbucciata, privata del torsolo e grattugiata

45 ml/3 cucchiai di olio

30 ml/2 cucchiai di miele chiaro

15 ml/1 cucchiaio di melassa nera (melassa)

1 uovo, leggermente sbattuto

90 ml/6 cucchiai di latte

Mescolare insieme la farina, la farina d'avena e il lievito. Incorporare l'uva sultanina, le noci e la mela. Scaldare l'olio, il miele e la melassa insieme fino a quando non si saranno sciolti, quindi incorporarli al composto con l'uovo e il latte quanto basta per ottenere una consistenza morbida. Versare negli stampini per muffin (carta) o negli stampini per muffin unti (teglie) e cuocere in forno preriscaldato a 190°C/375°F/gas mark 5 per circa 25 minuti fino a doratura.

Muffin all'arancia

100 g/4 oz/1 tazza di farina autolievitante (autolievitante)

100 g/4 oz/½ tazza di zucchero di canna morbido

1 uovo, leggermente sbattuto

120 ml/4 fl oz/½ tazza di succo d'arancia

60 ml/4 cucchiai di olio

2,5 ml/½ cucchiaino di essenza di vaniglia (estratto)

25 g/1 oz/2 cucchiai di burro o margarina

30 ml/2 cucchiai di farina (per tutti gli usi)

2,5 ml/½ cucchiaino di cannella in polvere

Mescolate in una ciotola la farina autolievitante e metà dello zucchero. Mescolare insieme l'uovo, il succo d'arancia, l'olio e l'essenza di vaniglia, quindi incorporare gli ingredienti secchi fino a quando non si saranno amalgamati. Non mescolare troppo. Versare negli stampini per muffin (carta) o negli stampini per muffin imburrati (teglie) e cuocere in forno preriscaldato a 200°C/400°F/gas mark 6 per 10 minuti.

Nel frattempo, strofinare il burro o la margarina per la guarnizione nella farina 00, quindi incorporare lo zucchero rimasto e la cannella. Cospargere i muffin e rimetterli in forno per altri 5 minuti fino a doratura.

Muffin alla pesca

fa 12

225 g/8 oz/2 tazze di farina normale (per tutti gli usi)

100 g/4 oz/½ tazza di zucchero semolato (superfino)

10 ml/2 cucchiaini di lievito per dolci

2,5 ml/½ cucchiaino di sale

1 uovo, leggermente sbattuto

175 ml/6 fl oz/¾ tazza di latte

120 ml/4 fl oz/½ tazza di olio

200 g/7 oz/1 lattina piccola di pesche, scolate e tritate

Mescolare la farina, lo zucchero, il lievito e il sale e fare una fontana al centro. Mescolare insieme gli ingredienti rimanenti e mescolare agli ingredienti secchi fino a quando non sono appena amalgamati. Non mescolare troppo. Versare negli stampini per muffin (carta) o negli stampini per muffin imburrati (teglie) e cuocere in forno preriscaldato a 200°C/400°F/gas mark 6 per 20 minuti fino a quando saranno ben lievitati ed elastici al tatto.

Muffin al burro di arachidi

fa 12

225 g/8 oz/2 tazze di farina normale (per tutti gli usi)

100 g/4 oz/½ tazza di zucchero di canna morbido

10 ml/2 cucchiaini di lievito per dolci

2,5 ml/½ cucchiaino di sale

1 uovo, leggermente sbattuto

250 ml/8 fl oz/1 tazza di latte

120 ml/4 fl oz/½ tazza di olio

45 ml/3 cucchiai di burro di arachidi

Mescolare la farina, lo zucchero, il lievito e il sale e fare una fontana al centro. Mescolare insieme gli ingredienti rimanenti e mescolare agli ingredienti secchi fino a quando non sono appena amalgamati. Non mescolare troppo. Versare negli stampini per muffin (carta) o negli stampini per muffin imburrati (teglie) e cuocere in forno preriscaldato a 200°C/400°F/gas mark 6 per 20 minuti fino a quando saranno ben lievitati ed elastici al tatto.

Muffin all'ananas

225 g/8 oz/2 tazze di farina normale (per tutti gli usi)

100 g/4 oz/½ tazza di zucchero di canna morbido

10 ml/2 cucchiaini di lievito per dolci

2,5 ml/½ cucchiaino di sale

1 uovo, leggermente sbattuto

175 ml/6 fl oz/¾ tazza di latte

120 ml/4 fl oz/½ tazza di olio

200 g/7 oz/1 lattina piccola ananas, scolata e tritata

30 ml/2 cucchiai di zucchero demerara

Mescolare la farina, lo zucchero di canna morbido, il lievito e il sale e fare una fontana al centro. Mescolare tutti gli altri ingredienti tranne lo zucchero demerara e unire gli ingredienti secchi fino a quando non si saranno amalgamati. Non mescolare troppo. Versare in pirottini da muffin (cartine) o stampini da muffin imburrati (teglie) e cospargere con lo zucchero demerara. Cuocere in forno preriscaldato a 200°C/400°F/gas mark 6 per 20 minuti fino a quando saranno ben lievitati ed elastici al tatto.

Muffin ai lamponi

fa 12

225 g/8 oz/2 tazze di farina normale (per tutti gli usi)

100 g/4 oz/½ tazza di zucchero semolato (superfino)

10 ml/2 cucchiaini di lievito per dolci

2,5 ml/½ cucchiaino di sale

200 g/7 oz di lamponi

1 uovo, leggermente sbattuto

250 ml/8 fl oz/1 tazza di latte

120 ml/4 fl oz/½ tazza di olio vegetale

Mescolare insieme la farina, lo zucchero, il lievito e il sale. Unire i lamponi e fare una fontana al centro. Mescolare l'uovo, il latte e l'olio e versare negli ingredienti secchi. Mescolare delicatamente fino a quando tutti gli ingredienti secchi si saranno amalgamati, ma il composto sarà ancora grumoso. Non esagerare. Mettere il composto in pirottini per muffin (carta) o stampini per muffin imburrati (teglie) e cuocere in forno preriscaldato a 200°C/400°F/gas mark 6 per 20 minuti fino a quando saranno ben lievitati ed elastici al tatto.

Muffin lamponi e limone

fa 12

175 g/6 oz/1½ tazze di farina (per tutti gli usi)

50 g/2 oz/¼ tazza di zucchero semolato

50 g/2 oz/¼ tazza di zucchero di canna morbido

10 ml/2 cucchiaini di lievito per dolci

5 ml/1 cucchiaino di cannella in polvere

Un pizzico di sale

1 uovo, leggermente sbattuto

100 g/4 oz/½ tazza di burro o margarina, sciolto

120 ml/4 fl oz/½ tazza di latte

100 g/4 oz di lamponi freschi

10 ml/2 cucchiaini di scorza di limone grattugiata

Per la farcitura:
75 g/3 oz/½ tazza di zucchero a velo (confettieri), setacciato

15 ml/1 cucchiaio di succo di limone

Mescolare la farina, lo zucchero semolato, lo zucchero di canna, il lievito, la cannella e il sale in una ciotola e fare un pozzo al centro. Aggiungere l'uovo, il burro o la margarina e il latte e frullare fino a quando gli ingredienti non si saranno amalgamati. Unire i lamponi e la scorza di limone. Versare negli stampini per muffin (carta) o negli stampini per muffin imburrati (teglie) e cuocere in forno preriscaldato a 180°C/350°F/gas mark 4 per 20 minuti fino a doratura e elasticità al tatto. Mescolare lo zucchero a velo e il succo di limone per la copertura e versare sui muffin caldi.

Muffin all'uvetta

fa 12

225 g/8 oz/2 tazze di farina normale (per tutti gli usi)

100 g/4 oz/½ tazza di zucchero semolato (superfino)

100 g/4 oz/2/3 tazza di uva sultanina (uvetta dorata)

10 ml/2 cucchiaini di lievito per dolci

5 ml/1 cucchiaino di spezie miste (torta di mele) macinate

2,5 ml/½ cucchiaino di sale

1 uovo, leggermente sbattuto

250 ml/8 fl oz/1 tazza di latte

120 ml/4 fl oz/½ tazza di olio

Mescolare la farina, lo zucchero, l'uva sultanina, il lievito, le spezie miste e il sale e fare un pozzo al centro. Mescolare gli altri ingredienti fino a quando non si saranno appena amalgamati. Versare negli stampini per muffin (carta) o negli stampini per muffin imburrati (teglie) e cuocere in forno preriscaldato a 200°C/400°F/gas mark 6 per 20 minuti fino a quando saranno ben lievitati ed elastici al tatto.

Muffin alla melassa

fa 12

225 g/8 oz/2 tazze di farina normale (per tutti gli usi)

100 g/4 oz/½ tazza di zucchero di canna morbido

10 ml/2 cucchiaini di lievito per dolci

2,5 ml/½ cucchiaino di sale

1 uovo, leggermente sbattuto

175 ml/6 fl oz/¾ tazza di latte

60 ml/4 cucchiai di melassa nera (melassa)

120 ml/4 fl oz/½ tazza di olio

Mescolare la farina, lo zucchero, il lievito e il sale e fare una fontana al centro. Mescolare gli altri ingredienti fino a quando non si saranno appena amalgamati. Non mescolare troppo. Versare negli stampini per muffin (carta) o negli stampini per muffin imburrati (teglie) e cuocere in forno preriscaldato a 200°C/400°F/gas mark 6 per 20 minuti fino a quando saranno ben lievitati ed elastici al tatto.

Muffin di melassa e avena

fa 10

100 g/4 oz/1 tazza di farina (per tutti gli usi))

175 g/6 oz/1½ tazze di fiocchi d'avena

100 g/4 oz/½ tazza di zucchero di canna morbido

15 ml/1 cucchiaio di lievito per dolci

5 ml/1 cucchiaino di cannella in polvere

2,5 ml/½ cucchiaino di sale

1 uovo, leggermente sbattuto

120 ml/4 fl oz/½ tazza di latte

60 ml/4 cucchiai di melassa nera (melassa)

75 ml/5 cucchiai di olio

Mescolare la farina, l'avena, lo zucchero, il lievito, la cannella e il sale e fare un buco al centro. Mescolare insieme gli altri ingredienti, quindi unire gli ingredienti secchi fino a quando non sono appena amalgamati. Non mescolare troppo. Versare negli stampini per muffin (carta) o negli stampini per muffin imburrati (teglie) e cuocere in forno preriscaldato a 200°C/400°F/gas mark 6 per 15 minuti fino a quando saranno ben lievitati ed elastici al tatto.

Toast all'avena

fa 8

225 g/8 oz/2 tazze di fiocchi d'avena

100 g/4 oz/1 tazza di farina integrale (integrale)

5 ml/1 cucchiaino di sale

5 ml/1 cucchiaino di lievito per dolci

50 g/2 oz/¼ tazza di strutto (accorciamento)

30 ml/2 cucchiai di acqua fredda

Mescolare insieme gli ingredienti secchi, quindi strofinare lo strutto fino a ottenere un composto simile al pangrattato. Mescolare abbastanza acqua per fare un impasto sodo. Stendete su un piano leggermente infarinato a un cerchio di 18 cm/7 e tagliate in otto spicchi. Mettere su una teglia unta (biscotto) e cuocere in forno preriscaldato a 180°C/350°F/gas mark 4 per 25 minuti. Servire con burro, marmellata o marmellata.

Spugna Di Fragole

fa 18

5 tuorli d'uovo

75 g/3 oz/1/3 tazza di zucchero semolato (superfino)

Un pizzico di sale

Buccia grattugiata di ½ limone

4 albumi d'uovo

40 g/1½ oz/1/3 tazza di amido di mais (amido di mais)

40 g/1½ oz/1/3 tazza di farina (per tutti gli usi)

40 g/1½ oz/3 cucchiai di burro o margarina, sciolto

300 ml/½ pt/1¼ tazze di panna da montare

225 g di fragole

Zucchero a velo (da pasticceria) setacciato per spolverare

Sbattere i tuorli con 25 g/1 oz/2 cucchiai di zucchero semolato fino a ottenere un composto chiaro e denso, quindi aggiungere il sale e la scorza di limone. Montare gli albumi a neve, quindi aggiungere il restante zucchero semolato e continuare a montare fino a quando non sono ben montati e lucidi. Incorporare i tuorli d'uovo, quindi incorporare la farina di mais e la farina. Incorporare il burro fuso o la margarina. Trasferire il composto in una sac a poche con bocchetta liscia da 1 cm/½ (punta) e formare dei cerchi di 15 cm/6 su una teglia unta e foderata (biscotto). Cuocere in forno preriscaldato a 220°C/425°F/gas mark 7 per 10 minuti fino a quando saranno appena coloriti ma non dorati. Lasciare raffreddare.

Montare la panna a neve. Stendete uno strato sottile su metà di ogni cerchio, disponetevi sopra le fragole, quindi terminate con altra crema. Ripiegate sopra la metà superiore delle 'omelette'. Spolverare con zucchero a velo e servire.

Torte Alla Menta

fa 12

100 g/4 oz/½ tazza di burro o margarina, ammorbidito

100 g/4 oz/½ tazza di zucchero semolato (superfino)

2 uova, leggermente sbattute

75 g/3 oz/¾ tazza di farina autolievitante (autolievitante)

10 ml/2 cucchiaini di cacao (cioccolato non zuccherato) in polvere

Un pizzico di sale

225 g/8 oz/11/3 tazze di zucchero a velo (confettieri), setacciato

30 ml/2 cucchiai di acqua

Qualche goccia di colorante alimentare verde

Qualche goccia di essenza di menta piperita (estratto)

Mente di cioccolato, dimezzate, per la decorazione

Montare il burro o la margarina e lo zucchero fino a ottenere un composto chiaro e spumoso, quindi incorporare gradualmente le uova. Incorporare la farina, il cacao e il sale. Versare negli stampini imburrati (teglie per polpette) e cuocere in forno preriscaldato a 200°C/400°F/gas mark 6 per 10 minuti fino a quando non saranno elastici al tatto. Lasciare raffreddare.

Setacciare lo zucchero a velo in una ciotola e aggiungere 15 ml/1 cucchiaio di acqua, quindi aggiungere il colorante alimentare e l'essenza di menta piperita a piacere. Se necessario aggiungete altra acqua per dare una consistenza che rivestirà il dorso di un cucchiaio. Spalmate la glassa sulle torte e decorate con le mentine al cioccolato.

Torte All'Uvetta

fa 12

175 g/6 oz/1 tazza di uvetta

250 ml/8 fl oz/1 tazza d'acqua

5 ml/1 cucchiaino di bicarbonato di sodio (bicarbonato di sodio)

100 g/4 oz/½ tazza di burro o margarina, ammorbidito

100 g/4 oz/½ tazza di zucchero di canna morbido

1 uovo, sbattuto

5 ml/1 cucchiaino di essenza di vaniglia (estratto)

200 g/7 oz/1¾ tazze di farina normale (per tutti gli usi)

5 ml/1 cucchiaino di lievito per dolci

Un pizzico di sale

Portare a bollore l'uvetta, l'acqua e il bicarbonato di sodio in una padella, quindi far sobbollire dolcemente per 3 minuti. Lasciare raffreddare fino a quando non sarà tiepido. Montare il burro o la margarina e lo zucchero fino a ottenere un composto chiaro e spumoso. Incorporare gradualmente l'uovo e l'essenza di vaniglia. Incorporare il composto di uvetta, quindi mescolare la farina, il lievito e il sale. Versare il composto in pirottini per muffin (carta) o stampini per muffin imburrati (teglie) e cuocere in forno preriscaldato a 180°C/350°F/gas mark 4 per 12-15 minuti finché non saranno ben lievitati e dorati.

Riccioli di uvetta

fa 24

225 g/8 oz/2 tazze di farina normale (per tutti gli usi)

Un pizzico di spezie miste (torta di mele) macinate

5 ml/1 cucchiaino di bicarbonato di sodio (bicarbonato di sodio)

225 g/8 oz/1 tazza di zucchero semolato (superfino)

45 ml/3 cucchiai di mandorle tritate

225 g/8 oz/1 tazza di burro o margarina, sciolto

45 ml/3 cucchiai di uvetta

1 uovo, leggermente sbattuto

Mescolare gli ingredienti secchi, quindi incorporare il burro fuso o la margarina, quindi l'uvetta e l'uovo. Mescolare bene fino a ottenere una pasta rigida. Stendete su una superficie leggermente infarinata ad uno spessore di circa 5 mm/ e tagliate a strisce di 5 mm x 20 cm/ x 8 pollici. Inumidite leggermente la superficie superiore con un po' d'acqua, quindi arrotolate ogni striscia dall'estremità più corta. Mettere su una teglia unta (biscotto) e cuocere in forno preriscaldato a 200°C/400°F/gas mark 6 per 15 minuti fino a doratura.

Torte Di Riso Integrale E Girasole

fa 12

75 g/3 oz/¾ tazza di riso integrale cotto

50 g/2 oz/½ tazza di semi di girasole

25 g/1 oz/¼ tazza di semi di sesamo

40 g/1½ oz/¼ tazza di uvetta

40 g/1½ oz/¼ tazza di ciliegie glacé (candite), tagliate in quarti

25 g/1 oz/2 cucchiai di zucchero di canna morbido

15 ml/1 cucchiaio di miele chiaro

75 g/3 oz/1/3 tazza di burro o margarina

5 ml/1 cucchiaino di succo di limone

Mescolare il riso, i semi e la frutta. Sciogliere lo zucchero, il miele, il burro o la margarina e il succo di limone e unirli al composto di riso. Versare in 12 pirottini (cartine per cupcake) e cuocere in forno preriscaldato a 200°C/400°F/gas mark 6 per 15 minuti.

Torte Rock

225 g/8 oz/2 tazze di farina normale (per tutti gli usi)

Un pizzico di sale

10 ml/2 cucchiaini di lievito per dolci

50 g/2 oz/¼ tazza di burro o margarina

50 g/2 oz/¼ tazza di strutto (accorciamento)

100 g/4 oz/2/3 tazza di frutta mista secca (mix di torte alla frutta)

100 g/4 oz/½ tazza di zucchero demerara

Buccia grattugiata di ½ limone

1 uovo

15–30 ml/1–2 cucchiai di latte

Mescolare insieme la farina, il sale e il lievito, quindi unire il burro o la margarina e lo strutto fino a ottenere un composto simile al pangrattato. Unire la frutta, lo zucchero e la scorza di limone. Sbattere l'uovo con 15 ml/1 cucchiaio di latte, aggiungere agli ingredienti secchi e impastare fino ad ottenere un impasto compatto, aggiungendo se necessario altro latte. Mettere piccoli mucchietti del composto su una teglia (biscotto) unta e cuocere in forno preriscaldato a 200°C/400°F/gas mark 6 per 15-20 minuti fino a doratura.

Torte Rock senza zucchero

fa 12

75 g/3 oz/1/3 tazza di burro o margarina

175 g/6 oz/1¼ tazze di farina integrale (integrale)

50 g/2 oz/½ tazza di farina d'avena

10 ml/2 cucchiaini di lievito per dolci

5 ml/1 cucchiaino di cannella in polvere

100 g/4 oz/2/3 tazza di uva sultanina (uvetta dorata)

Buccia grattugiata di 1 limone

1 uovo, leggermente sbattuto

90 ml/6 cucchiai di latte

Strofinare il burro o la margarina nelle farine, nel lievito e nella cannella fino a ottenere un composto simile al pangrattato. Unire l'uva sultanina e la scorza di limone. Aggiungere l'uovo e il latte quanto basta per ottenere un composto morbido. Mettere le cucchiaiate su una teglia unta (biscotto) e cuocere in forno preriscaldato a 200°C/400°F/gas mark 6 per 15-20 minuti fino a doratura.

Torte allo zafferano

fa 12

Un pizzico di zafferano in polvere

75 ml/5 cucchiai di acqua bollente

75 ml/5 cucchiai di acqua fredda

100 g/4 oz/½ tazza di burro o margarina, ammorbidito

225 g/8 oz/1 tazza di zucchero semolato (superfino)

2 uova, leggermente sbattute

225 g/8 oz/2 tazze di farina normale (per tutti gli usi)

10 ml/2 cucchiaini di lievito per dolci

2,5 ml/½ cucchiaino di sale

175 g/6 oz/1 tazza di uva sultanina (uvetta dorata)

175 g/6 oz/1 tazza di scorze miste (candite) tritate

Mettere a bagno lo zafferano nell'acqua bollente per 30 minuti, quindi aggiungere l'acqua fredda. Montare il burro o la margarina e lo zucchero fino a ottenere un composto chiaro e spumoso, quindi incorporare gradualmente le uova. Mescolare la farina con il lievito e il sale, quindi mescolare 50 g/2 oz/½ tazza della miscela di farina con l'uva sultanina e la buccia mista. Incorporate la farina alla crema alternandola con l'acqua allo zafferano, poi incorporate la frutta. Versare negli stampini per muffin (carta) o negli stampini per muffin imburrati e infarinati (teglie) e cuocere in forno preriscaldato a 190°C/375°F/gas mark 5 per circa 15 minuti fino a quando non saranno elastici al tatto.

Babà al rum

fa 8

100 g/4 oz/1 tazza di farina (di pane) forte

5 ml/1 cucchiaino di lievito secco facile da miscelare

Un pizzico di sale

45 ml/3 cucchiai di latte caldo

2 uova, leggermente sbattute

50 g/2 oz/¼ tazza di burro o margarina, sciolto

25 g/1 oz/3 cucchiai di ribes

Per lo sciroppo:
250 ml/8 fl oz/1 tazza d'acqua

75 g/3 oz/1/3 tazza di zucchero semolato

20 ml/4 cucchiaino di succo di limone

60 ml/4 cucchiai di rum

Per la glassa e la decorazione:
60 ml/4 cucchiai di marmellata di albicocche (conserva), setacciata (filtrata)

15 ml/1 cucchiaio di acqua

150 ml/¼ pt/2/3 tazza da montare o panna doppia (pesante)

4 ciliegie glassate (candite), dimezzate

Alcune strisce di angelica, tagliate a triangoli

Mescolate in una ciotola la farina, il lievito e il sale e fate una fontana al centro. Mescolare insieme il latte, le uova e il burro o la margarina, quindi sbattere la farina per ottenere una pastella liscia. Mescolare i ribes. Versare l'impasto in otto stampini ad anello individuali imburrati e infarinati (teglie per tubi) in modo che arrivi solo a un terzo dell'altezza degli stampini. Coprire con pellicola unta (involucro di plastica) e lasciare in un luogo caldo per 30 minuti fino a quando l'impasto non sarà salito sulla parte superiore degli stampini. Cuocere in forno preriscaldato a 200°C/400°F/gas mark 6 per 15 minuti fino a doratura. Capovolgere gli stampini e lasciar raffreddare per 10 minuti, quindi sformare i dolcetti dagli stampini e metterli in un piatto fondo grande. Bucherellateli dappertutto con una forchetta.

Per preparare lo sciroppo, scaldare l'acqua, lo zucchero e il succo di limone a fuoco basso, mescolando fino a quando lo zucchero si sarà sciolto. Alzate la fiamma e portate a bollore. Togliere dal fuoco e mantecare con il rum. Versate lo sciroppo caldo sulle torte e lasciate in ammollo per 40 minuti.

Scaldare la marmellata e l'acqua a fuoco basso fino a quando non saranno ben amalgamati. Spennellate i babà e disponeteli su un piatto da portata. Montate la panna e disponetela al centro di ogni torta. Decorare con ciliegie e angelica.

Torte di pan di spagna

fa 24

5 tuorli d'uovo

75 g/3 oz/1/3 tazza di zucchero semolato (superfino)

7 albumi d'uovo

75 g/3 oz/¾ tazza di amido di mais (amido di mais)

50 g/2 oz/½ tazza di farina (per tutti gli usi)

Montare i tuorli con 15 ml/1 cucchiaio di zucchero fino a ottenere un composto chiaro e denso. Montare gli albumi a neve ben ferma, quindi incorporare lo zucchero rimanente fino a ottenere un composto denso e lucido. Incorporate la maizena, aiutandovi con un cucchiaio di metallo. Unire metà dei tuorli agli albumi, aiutandosi con un cucchiaio di metallo, quindi incorporare i tuorli rimanenti. Incorporate molto delicatamente la farina. Trasferire il composto in una sac a poche con una bocchetta liscia da 2,5 cm/1 in (punta) e formare delle torte rotonde, ben distanziate, su una teglia unta e foderata (biscotto). Cuocere in forno preriscaldato a 200°C/400°F/gas mark 6 per 5 minuti, quindi ridurre la temperatura del forno a 180°C/350°F/gas mark 4 per altri 10 minuti fino a quando non diventano dorati ed elastici. toccare.

Pan di Spagna Al Cioccolato

fa 12

5 tuorli d'uovo

75 g/3 oz/1/3 tazza di zucchero semolato (superfino)

7 albumi d'uovo

75 g/3 oz/¾ tazza di amido di mais (amido di mais)

50 g/2 oz/½ tazza di farina (per tutti gli usi)

60 ml/4 cucchiai di marmellata di albicocche (conserva), setacciata (filtrata)

30 ml/2 cucchiai di acqua

1 quantità Glassa al cioccolato bollita

150 ml/¼ pt/2/3 tazza di panna da montare

Montare i tuorli con 15 ml/1 cucchiaio di zucchero fino a ottenere un composto chiaro e denso. Montare gli albumi a neve ben ferma, quindi incorporare lo zucchero rimanente fino a ottenere un composto denso e lucido. Incorporate la maizena, aiutandovi con un cucchiaio di metallo. Unire metà dei tuorli agli albumi, aiutandosi con un cucchiaio di metallo, quindi incorporare i tuorli rimanenti. Incorporate molto delicatamente la farina. Trasferire il composto in una sac a poche con una bocchetta liscia da 2,5 cm/1 in (punta) e formare delle torte rotonde, ben distanziate, su una teglia unta e foderata (biscotto). Cuocere in forno preriscaldato a 200°C/400°F/gas mark 6 per 5 minuti, quindi ridurre la temperatura del forno a 180°C/350°F/gas mark 4 per altri 10 minuti fino a quando non diventano dorati ed elastici. toccare. Trasferire su una gratella.

Far bollire la marmellata e l'acqua finché non si addensano e ben amalgamati, quindi spennellare la superficie delle torte. Lasciare raffreddare. Immergete i pan di spagna nella glassa al cioccolato, poi lasciate raffreddare. Montare la panna a neve ferma, quindi unire le coppie di torte con la panna.

Palle di neve estive

fa 24

100 g/4 oz/½ tazza di burro o margarina, ammorbidito

100 g/4 oz/½ tazza di zucchero semolato (superfino)

5 ml/1 cucchiaino di essenza di vaniglia (estratto)

2 uova, leggermente sbattute

225 g/8 oz/2 tazze di farina autolievitante (autolievitante)

120 ml/4 fl oz/½ tazza di latte

120 ml/4 fl oz/½ tazza di panna doppia (pesante)

25 g/1 oz/3 cucchiai di zucchero a velo (confettieri), setacciato

60 ml/4 cucchiai di marmellata di albicocche (conserva), setacciata (filtrata)

30 ml/2 cucchiai di acqua

150 g/5 oz/1¼ tazze di cocco disidratato (grattugiato)

Sbattere insieme il burro o la margarina e lo zucchero fino a ottenere un composto chiaro e spumoso. Incorporare gradualmente l'essenza di vaniglia e le uova, quindi incorporare la farina alternandola al latte. Versare il composto in stampini da muffin imburrati (teglie) e cuocere in forno preriscaldato a 180°C/350°F/gas mark 4 per 15 minuti fino a quando saranno ben lievitati ed elastici al tatto. Trasferire su una gratella a raffreddare. Tagliare la parte superiore dei muffin.

Montate la panna e lo zucchero a velo a neve ben ferma, poi versatene un po' sopra ogni muffin e rimettete il coperchio. Scaldare la marmellata con l'acqua finché non si sarà amalgamata, quindi spennellarla sopra i muffin e cospargere generosamente con il cocco.

Gocce di spugna

fa 12

3 uova, sbattute

100 g/4 oz/½ tazza di zucchero semolato (superfino)

2,5 ml/½ cucchiaino di essenza di vaniglia (estratto)

100 g/4 oz/1 tazza di farina (per tutti gli usi))

5 ml/1 cucchiaino di lievito per dolci

100 g/4 oz/1/3 tazza di marmellata di lamponi (conserva)

150 ml/¼ pt/2/3 tazza di panna doppia (pesante), montata

Zucchero a velo (da pasticceria) setacciato per spolverare

Mettere le uova, lo zucchero semolato e l'essenza di vaniglia in una ciotola resistente al calore posta sopra una pentola di acqua bollente e sbattere finché il composto non si addensa. Togliere la ciotola dalla padella e unire la farina e il lievito. Mettere piccoli cucchiai del composto su una teglia unta (biscotto) e cuocere in forno preriscaldato a 190°C/375°F/gas mark 5 per 10 minuti fino a doratura. Trasferire su una gratella e lasciare raffreddare. Unire le gocce a marmellata e panna e spolverare con zucchero a velo per servire.

Meringhe di base

Fa 6–8

2 albumi d'uovo

100 g/4 oz/½ tazza di zucchero semolato (superfino)

Sbattere gli albumi in una ciotola pulita e priva di grasso finché non iniziano a formare picchi morbidi. Aggiungete metà dello zucchero e continuate a sbattere fino a quando il composto non sarà ben fermo. Incorporare leggermente lo zucchero rimasto con un cucchiaio di metallo. Foderare una teglia (biscotto) con carta da forno e disporre 6-8 mucchietti di meringa sulla teglia. Asciugare le meringhe alla temperatura più bassa possibile in forno per 2-3 ore. Raffreddare su una gratella.

Meringhe alle mandorle

fa 12

2 albumi d'uovo

100 g/4 oz/½ zucchero semolato (superfino)

100 g/4 oz/1 tazza di mandorle tritate

Qualche goccia di essenza di mandorle (estratto)

12 metà di mandorle per decorare

Montare gli albumi a neve. Aggiungere metà dello zucchero e continuare a sbattere fino a quando il composto non forma dei picchi rigidi. Incorporare lo zucchero rimasto, le mandorle tritate e l'essenza di mandorle. Distribuire il composto in 12 dischi su una teglia (biscotto) unta e foderata e adagiare una metà di mandorla sopra ciascuno. Cuocere in forno preriscaldato a 130°C/250°F/gas mark ½ per 2-3 ore fino a renderle croccanti.

Biscotti di meringa spagnola alle mandorle

fa 16

225 g/8 oz/1 tazza di zucchero semolato

225 g/8 oz/2 tazze di mandorle tritate

1 albume d'uovo

100 g/4 oz/1 tazza di mandorle intere

Sbattere lo zucchero, le mandorle tritate e l'albume fino ad ottenere un impasto liscio. Formate una palla e appiattite l'impasto con un mattarello. Tagliare a rondelle e disporle su una teglia unta (biscotto). Premere una mandorla intera al centro di ogni biscotto (biscotto). Cuocere in forno preriscaldato a 160°C/325°F/gas mark 3 per 15 minuti.

Cestini Meringa Cuite

fa 6

4 albumi d'uovo

225–250 g/8–9 oz/11/3–1½ tazze di zucchero a velo (confettieri), setacciato

Qualche goccia di essenza di vaniglia (estratto)

Sbattere gli albumi in una ciotola pulita, priva di grasso e resistente al calore fino a renderli spumosi, quindi incorporare gradualmente lo zucchero a velo seguito dall'essenza di vaniglia. Metti la ciotola su una pentola di acqua bollente e sbatti finché la meringa non mantiene la sua forma e lascia una scia spessa quando la frusta viene sollevata. Foderare una teglia (biscotto) con carta da forno e disegnare sei cerchi da 7,5 cm/3 sulla carta. Usando metà della miscela di meringa, versare uno strato di meringa all'interno di ogni cerchio. Mettere il resto in una sac a poche e formare due strati di meringa intorno al bordo di ogni base. Asciugare in forno preriscaldato a 150°C/300°F/gas mark 2 per circa 45 minuti.

Patatine Di Mandorle

fa 10

2 albumi d'uovo

100 g/4 oz/½ tazza di zucchero semolato (superfino)

75 g/3 oz/¾ tazza di mandorle tritate

25 g/1 oz/2 cucchiai di burro o margarina, ammorbidito

50 g/2 oz/1/3 tazza di zucchero a velo (confettieri), setacciato

10 ml/2 cucchiaini di cacao (cioccolato non zuccherato) in polvere

50 g/2 oz/½ tazza di cioccolato fondente (semidolce), fuso

Sbattere gli albumi fino a formare picchi rigidi. Sbattere poco alla volta lo zucchero semolato. Incorporare le mandorle tritate. Usando un beccuccio da 1 cm/½ (punta), convogliare il composto in una lunghezza di 5 cm/2 su una teglia (biscotto) leggermente unta d'olio. Cuocere in forno preriscaldato a 140°C/275°F/gas mark 1 per 1–1½ ore. Lasciare raffreddare.

Montare a crema il burro o la margarina, lo zucchero a velo e il cacao. Panini coppie di biscotti (biscotti) insieme al ripieno. Sciogliere il cioccolato in una ciotola resistente al calore su una pentola di acqua bollente. Immergete le estremità delle meringhe nel cioccolato e lasciate raffreddare su una gratella.

Meringhe spagnole mandorle e limone

fa 30

150 g/5 oz/1¼ tazze di mandorle pelate

2 albumi d'uovo

Buccia grattugiata di ½ limone

200 g/7 oz/scarsa 1 tazza di zucchero semolato (superfino)

10 ml/2 cucchiaini di succo di limone

Tostare le mandorle in forno preriscaldato a 150°C/300°F/gas mark 2 per circa 30 minuti finché non saranno dorate e aromatiche. Tritare grossolanamente un terzo delle noci e tritare finemente il resto.

Montare gli albumi a neve. Incorporare la scorza di limone e due terzi dello zucchero. Aggiungere il succo di limone e frullare fino a quando non diventa duro e lucido. Incorporate lo zucchero rimasto e le mandorle tritate. Incorporare le mandorle tritate. Mettere i cucchiai di meringa su una teglia (biscotto) unta e foderata di alluminio e mettere nel forno preriscaldato. Riduci immediatamente la temperatura del forno a 110°C/225°F/gas mark ¼ e cuoci per circa 1 ora e mezza finché non si asciuga.

Meringhe ricoperte di cioccolato

fa 4

2 albumi d'uovo

100 g/4 oz/½ tazza di zucchero semolato (superfino)

100 g/4 oz/1 tazza di cioccolato fondente (semidolce)

150 ml/¼ pt/2/3 tazza di panna doppia (pesante), montata

Sbattere gli albumi in una ciotola pulita e priva di grasso finché non iniziano a formare picchi morbidi. Aggiungere metà dello zucchero e continuare a sbattere fino a quando il composto non si ferma a picchi rigidi. Incorporare leggermente lo zucchero rimanente aiutandosi con un cucchiaio di metallo. Foderare una teglia (biscotto) con carta da forno e disporre otto mucchietti di meringa sulla teglia. Asciugare le meringhe alla temperatura più bassa possibile in forno per 2-3 ore. Raffreddare su una gratella.

Sciogliere il cioccolato in una ciotola resistente al calore posta sopra una pentola di acqua bollente. Lasciar raffreddare leggermente. Immergete con cura quattro delle meringhe nel cioccolato in modo che le parti esterne siano ricoperte. Lasciare riposare su carta da forno (cerata) fino a quando non si è solidificato. Sandwich una meringa ricoperta di cioccolato e una meringa semplice insieme alla panna, quindi ripetere con le restanti meringhe.

Meringhe Cioccolato Menta

fa 18

3 albumi d'uovo

100 g/4 oz/½ tazza di zucchero semolato (superfino)

75 g/3 oz/¾ tazza di mentine ricoperte di cioccolato tritate

Montare gli albumi a neve. Montare a poco a poco lo zucchero fino a quando gli albumi non saranno sodi e lucidi. Incorporare le mentine tritate. Versare piccoli cucchiai del composto su una teglia (biscotto) unta e foderata e cuocere in forno preriscaldato a 140°C/275°F/gas mark 1 per 1 ora e mezza finché non si asciuga.

Meringhe con gocce di cioccolato e noci

fa 12

2 albumi d'uovo

175 g/6 oz/¾ tazza di zucchero semolato (superfino)

50 g/2 oz/½ tazza di gocce di cioccolato

25 g/1 oz/¼ tazza di noci, tritate finemente

Preriscaldare il forno a 190°C/375°F/ gas mark 5. Sbattere gli albumi fino a formare dei picchi morbidi. Aggiungere gradualmente lo zucchero e sbattere fino a quando il composto non forma picchi rigidi. Incorporare le gocce di cioccolato e le noci. Versare cucchiaiate del composto su fogli di cottura (biscotti) unti e mettere in forno. Spegnete il forno e lasciate raffreddare.

Meringhe alla Nocciola

fa 12

100 g/4 oz/1 tazza di nocciole

2 albumi d'uovo

100 g/4 oz/½ tazza di zucchero semolato (superfino)

Qualche goccia di essenza di vaniglia (estratto)

Conservare 12 noci per la decorazione e schiacciare il resto.
Montare gli albumi a neve. Aggiungere metà dello zucchero e
continuare a sbattere fino a quando il composto non forma dei
picchi rigidi. Incorporare lo zucchero rimasto, le nocciole macinate
e l'essenza di vaniglia. Distribuire il composto in 12 dischi su una
teglia (biscotto) imburrata e foderata e posizionare un dado
riservato sulla parte superiore di ciascuno. Cuocere in forno
preriscaldato a 130°C/250°F/gas mark ½ per 2-3 ore fino a
renderle croccanti.

Torta a strati di meringa con noci

Fa una torta di 23 cm/9

Per la torta:

50 g/2 oz/¼ tazza di burro o margarina, ammorbidito

150 g/5 oz/2/3 tazza di zucchero semolato (superfino)

4 uova, separate

100 g/4 oz/1 tazza di farina (per tutti gli usi))

10 ml/2 cucchiaini di lievito per dolci

Un pizzico di sale

60 ml/4 cucchiai di latte

5 ml/1 cucchiaino di essenza di vaniglia (estratto)

50 g/2 oz/½ tazza di noci pecan, tritate finemente

Per la crema pasticcera:

250 ml/8 fl oz/1 tazza di latte

50 g/2 oz/¼ tazza di zucchero semolato (superfino)

50 g/2 oz/½ tazza di farina (per tutti gli usi)

1 uovo

Un pizzico di sale

120 ml/4 fl oz/½ tazza di panna doppia (pesante)

Per preparare la torta, sbattere il burro o la margarina con 100 g/4 oz/½ tazza di zucchero fino a ottenere un composto chiaro e spumoso. Incorporare gradualmente i tuorli, quindi incorporare la farina, il lievito e il sale alternandoli al latte e all'essenza di vaniglia. Versate in due tortiere (teglie) da 23 cm/9 imburrate e foderate e livellate la superficie. Montate gli albumi a neve ben ferma, poi aggiungete lo zucchero rimasto e montate ancora fino a quando non saranno ben spumosi e lucidi. Distribuire sopra il composto della torta e cospargere con le noci. Cuocere in forno preriscaldato a 150°C/300°F/gas mark 3 per 45 minuti finché la meringa non sarà asciutta. Trasferire su una gratella a raffreddare.

Per preparare la crema pasticcera, frullare un po' di latte con lo zucchero e la farina. In un pentolino portare a bollore il resto del latte, versarvi sopra il composto di zucchero e frullare fino a che non si sarà amalgamato. Rimettere il latte nella pentola sciacquata e portare a ebollizione, mescolando continuamente, quindi cuocere a fuoco lento, mescolando, finché non si addensa. Togliere dal fuoco e sbattere l'uovo e il sale e lasciare raffreddare leggermente. Montare la panna a neve ferma, quindi incorporarla al composto. Lasciare raffreddare. Stendere le torte insieme alla crema pasticcera.

Fette di amaretto alla nocciola

fa 20

175 g/6 oz/1½ tazze di nocciole, pelate

3 albumi d'uovo

225 g/8 oz/1 tazza di zucchero semolato (superfino)

5 ml/1 cucchiaino di essenza di vaniglia (estratto)

5 ml/1 cucchiaino di cannella in polvere

5 ml/1 cucchiaino di scorza di limone grattugiata

Carta di riso

Tritare grossolanamente 12 nocciole, quindi pestare le restanti fino a schiacciarle finemente. Sbattere gli albumi fino a renderli chiari e spumosi. Aggiungere gradualmente lo zucchero e continuare a sbattere fino a quando il composto non si forma dei picchi rigidi. Incorporare le nocciole, l'essenza di vaniglia, la cannella e la scorza di limone. Versare cucchiaini colmi su una teglia (biscotto) rivestita con carta di riso, quindi appiattire in strisce sottili. Lasciare riposare per 1 ora. Cuocere in forno preriscaldato a 180°C/ 350°F/gas mark 4 per 12 minuti fino a quando non si rassoda al tatto.

Strato di meringa e noci

Fa uno 25 cm/10 in torta

100 g/4 oz/½ tazza di burro o margarina, ammorbidito

400 g/14 oz/1¾ tazza di zucchero semolato (superfino)

3 tuorli d'uovo

100 g/4 oz/1 tazza di farina (per tutti gli usi))

10 ml/2 cucchiaini di lievito per dolci

120 ml/4 fl oz/½ tazza di latte

100 g/4 oz/1 tazza di noci

4 albumi d'uovo

250 ml/8 fl oz/1 tazza di panna doppia (pesante)

5 ml/1 cucchiaino di essenza di vaniglia (estratto)

Cacao (cioccolato non zuccherato) in polvere per spolverare

Montare a crema il burro o la margarina e 75 g/3 oz/¾ tazza di zucchero fino a ottenere un composto chiaro e spumoso. Incorporare gradualmente i tuorli, quindi incorporare la farina e il lievito alternandoli al latte. Stendete l'impasto in due tortiere (teglie) imburrate e infarinate da 25 cm/10. Conservare alcune metà di noce per la decorazione, tritare finemente il resto e cospargere sulle torte. Montare gli albumi a neve ben ferma, quindi aggiungere lo zucchero rimanente e montare ancora fino a ottenere un composto denso e lucido. Distribuire sopra le torte e cuocere in forno preriscaldato a 180°C/ 350°F/gas mark 4 per 25 minuti, coprendo la torta con carta da forno (cerata) verso la fine della cottura se anche la meringa inizia a dorarsi tanto. Lasciare raffreddare negli stampini, quindi sformare le torte con la meringa sopra.

Montare la panna e l'essenza di vaniglia a neve. Avvolgere le torte insieme, con la meringa rivolta verso l'alto, con metà della crema e spalmare il resto sopra. Decorate con le noci messe da parte e spolverate con il cacao setacciato.

Montagne di meringa

fa 6

2 albumi d'uovo

100 g/4 oz/½ tazza di zucchero semolato (superfino)

150 ml/¼ pt/2/3 tazza di panna doppia (pesante)

350 g/12 oz fragole, a fette

25 g/1 oz/¼ tazza di cioccolato fondente (semidolce), grattugiato

Montare gli albumi a neve. Aggiungere metà dello zucchero e sbattere fino a ottenere una consistenza densa e lucida. Incorporare lo zucchero rimanente. Distribuire sei cerchi di meringa sulla carta da forno su una teglia (biscotto). Cuocere in forno preriscaldato a 140°C/275°F/gas mark 1 per 45 minuti fino a quando saranno dorati e croccanti. Gli interni rimarranno abbastanza morbidi. Togliete dalla teglia e fate raffreddare su una gratella.

Montare la panna a neve. Versare o versare metà della crema sui cerchi di meringa, guarnire con la frutta, quindi decorare con la crema rimanente. Cospargete sopra il cioccolato grattugiato.

Meringhe alla crema di lamponi

Serve 6

2 albumi d'uovo

100 g/4 oz/½ tazza di zucchero semolato (superfino)

150 ml/¼ pt/2/3 tazza di panna doppia (pesante)

30 ml/2 cucchiai di zucchero a velo (per pasticceria)

225 g/8 once di lamponi

Sbattere gli albumi in una ciotola pulita e priva di grasso finché non iniziano a formare picchi morbidi. Aggiungere metà dello zucchero e continuare a sbattere fino a quando il composto non si ferma a picchi rigidi. Incorporate leggermente lo zucchero rimasto, aiutandovi con un cucchiaio di metallo. Foderare una teglia (biscotto) con carta da forno e farcire piccoli vortici di meringa sulla teglia. Asciugare le meringhe alla temperatura più bassa possibile in forno per 2 ore. Raffreddare su una gratella.

Montare a neve ferma la panna con lo zucchero a velo, quindi incorporare i lamponi. Utilizzare per sandwich coppie di meringhe e impilare su un piatto da portata.

Torte Ratafia

fa 16

3 albumi d'uovo

100 g/4 oz/1 tazza di mandorle tritate

225 g/8 oz/1 tazza di zucchero semolato (superfino)

Montare gli albumi a neve. Incorporare le mandorle e metà dello zucchero e sbattere ancora a neve. Incorporare lo zucchero rimanente. Disporre piccoli rotolini su una teglia (biscotto) unta e foderata e cuocere in forno preriscaldato a 150 °C/300 °F/gas mark 2 per 50 minuti fino a quando non saranno asciutti e croccanti ai bordi.

Vacherin al caramello

Fa una torta di 23 cm/9

4 albumi d'uovo

225 g/8 oz/1 tazza di zucchero di canna morbido

50 g/2 oz/½ tazza di nocciole, tritate

300 ml/½ pt/1¼ tazze di panna doppia (pesante)

Qualche nocciola intera per decorare

Sbattere gli albumi fino a quando non tengono i picchi morbidi. Montare gradualmente lo zucchero fino a quando non diventa rigido e lucido. Mettere la meringa in una sac a poche munita di bocchetta liscia da 1 cm/½ (punta) e formare due spirali di meringa da 23 cm/9 in su una teglia unta e foderata (biscotto). Cospargere con 15 ml/1 cucchiaio di noci tritate e cuocere in forno preriscaldato a 120°C/250°F/gas mark ½ per 2 ore fino a renderle croccanti. Trasferire su una gratella a raffreddare.

Montare la panna a neve ferma, quindi incorporare le noci rimanenti. Usate la maggior parte della crema per avvolgere le meringhe, poi decorate con la crema rimanente e guarnite con le nocciole intere.

Focaccine semplici

fa 10

225 g/8 oz/2 tazze di farina normale (per tutti gli usi)

Un pizzico di sale

2,5 ml/½ cucchiaino di bicarbonato di sodio (bicarbonato di sodio)

5 ml/1 cucchiaino di cremor tartaro

50 g/2 oz/¼ tazza di burro o margarina, a dadini

30 ml/2 cucchiai di latte

30 ml/2 cucchiai di acqua

Mescolare insieme la farina, il sale, il bicarbonato di sodio e il cremor tartaro. Strofinare il burro o la margarina. Aggiungere lentamente il latte e l'acqua fino ad ottenere un impasto morbido. Impastare velocemente su una superficie infarinata fino ad ottenere un composto liscio, quindi stendere fino a 1 cm/½ di spessore e tagliare a rondelle di 5 cm/2 con un tagliabiscotti. Mettere gli scones (biscotti) su una teglia (biscotti) unta e cuocere in forno preriscaldato a 230 ° C / 450 ° F / gas mark 8 per circa 10 minuti fino a quando non saranno ben lievitati e dorati.

Focaccine Ricche all'Uovo

fa 12

50 g/2 oz/¼ tazza di burro o margarina

225 g/8 oz/2 tazze di farina autolievitante (autolievitante)

10 ml/2 cucchiaini di lievito per dolci

25 g/1 oz/2 cucchiai di zucchero semolato (superfino)

1 uovo, leggermente sbattuto

100 ml/3½ fl oz/6½ cucchiaio di latte

Strofinare il burro o la margarina nella farina e nel lievito. Incorporare lo zucchero. Incorporate l'uovo e il latte fino ad ottenere un impasto morbido. Impastare leggermente su una superficie infarinata, quindi stendere a uno spessore di circa 1 cm/½ e tagliare a rondelle di 5 cm/2 con un tagliabiscotti. Arrotolare nuovamente i ritagli e ritagliare. Mettere gli scones (biscotti) su una teglia (biscotti) unta e cuocere in forno preriscaldato a 230 ° C / 450 ° F / gas mark 8 per 10 minuti o fino a doratura.

Focaccine di mele

fa 12

225 g/8 oz/2 tazze di farina integrale (integrale)

20 ml/1½ cucchiaio di lievito per dolci

Un pizzico di sale

50 g/2 oz/¼ tazza di burro o margarina

30 ml/2 cucchiai di mela da cucina grattugiata (crostata)

1 uovo, sbattuto

150 ml/¼ pt/2/3 tazza di latte

Mescolare insieme la farina, il lievito e il sale. Strofinare il burro o la margarina, quindi incorporare la mela. Incorporare gradualmente uova e latte quanto basta per ottenere un impasto morbido. Stendete su una superficie leggermente infarinata ad uno spessore di circa 5 cm/2 e tagliate a rondelle con un coppapasta (biscotto). Mettere gli scones (biscotti) su una teglia unta (biscotto) e spennellare con l'uovo rimasto. Cuocere in forno preriscaldato a 200°C/400°F/gas mark 6 per 12 minuti fino a doratura.

Scones mele e cocco

fa 12

50 g/2 oz/¼ tazza di burro o margarina

225 g/8 oz/2 tazze di farina autolievitante (autolievitante)

25 g/1 oz/2 cucchiai di zucchero semolato (superfino)

30 ml/2 cucchiai di cocco disidratato (grattugiato)

1 mela da mangiare (dolce), sbucciata, privata del torsolo e tritata

150 ml/¼ pt/2/3 tazza di yogurt bianco

30 ml/2 cucchiai di latte

Strofinare il burro o la margarina nella farina. Incorporare lo zucchero, il cocco e la mela, quindi incorporare lo yogurt fino ad ottenere un impasto morbido, aggiungendo se necessario un po' di latte. Stendete su un piano leggermente infarinato ad uno spessore di circa 2,5 cm/1 e tagliate a rondelle con un coppapasta (biscotto). Mettere gli scones (biscotti) su una teglia unta (biscotti) e cuocere in forno preriscaldato a 220°C/425°F/gas mark 7 per 10-15 minuti finché non sono ben lievitati e dorati.

Focaccine di mele e datteri

fa 12

50 g/2 oz/¼ tazza di burro o margarina

225 g/8 oz/2 tazze di farina normale (per tutti gli usi)

5 ml/1 cucchiaino di spezie miste (torta di mele)

5 ml/1 cucchiaino di cremor tartaro

2,5 ml/½ cucchiaino di bicarbonato di sodio (bicarbonato di sodio)

25 g/1 oz/2 cucchiai di zucchero di canna morbido

1 mela piccola da cucina (crostata), sbucciata, privata del torsolo e tritata

50 g/2 oz/1/3 tazza di datteri snocciolati (snocciolati), tritati

45 ml/3 cucchiai di latte

Strofinare il burro o la margarina nella farina, nelle spezie miste, nel cremor tartaro e nel bicarbonato di sodio. Incorporare lo zucchero, la mela e i datteri, quindi aggiungere il latte e impastare fino ad ottenere un impasto morbido. Impastare leggermente, quindi stendere su una superficie infarinata a uno spessore di 2,5 cm/1 e tagliare a rondelle con un tagliabiscotti (biscotto). Mettere gli scones (biscotti) su una teglia unta (biscotti) e cuocere in forno preriscaldato a 220°C/425°F/gas mark 7 per 12 minuti fino a quando saranno ben dorati.

Focaccine d'orzo

fa 12

175 g/6 oz/1½ tazze di farina d'orzo

50 g/2 oz/½ tazza di farina (per tutti gli usi)

Un pizzico di sale

2,5 ml/½ cucchiaino di bicarbonato di sodio (bicarbonato di sodio)

2,5 ml/½ cucchiaino di cremor tartaro

25 g/1 oz/2 cucchiai di burro o margarina

25 g/1 oz/2 cucchiai di zucchero di canna morbido

100 ml/3½ fl oz/6½ cucchiaio di latte

Tuorlo d'uovo per glassare

Mescolare insieme le farine, il sale, il bicarbonato di sodio e il cremor tartaro. Strofinare il burro o la margarina fino a ottenere un composto simile al pangrattato, quindi aggiungere lo zucchero e il latte quanto basta per ottenere un impasto morbido. Stendete su un piano leggermente infarinato ad uno spessore di 2 cm/¾ e tagliate a rondelle con un coppapasta (biscotto). Mettere gli scones (biscotti) su una teglia unta (biscotti) e spennellare con il tuorlo d'uovo. Cuocere in forno preriscaldato a 220°C/425°F/gas mark 7 per 10 minuti fino a doratura.

Lightning Source UK Ltd.
Milton Keynes UK
UKHW022023240621
386092UK00002BA/293